# 小学校はじめての国語授業

井上善弘 著

## 文学教材の指導アイデア

6年間の指導法がこの1冊でわかる!

JN219373

明治図書

# まえがき

国語の授業は、何を教えるのかわからない。

国語の授業は、どう指導すればいいかわからない。

国語の授業に対してよく言われることです。

教えることがわからないのは、指導内容がわからないからです。国語科の指導内容は、学習指導要領の指導事項と捉えることができます。どう指導すればいいかわからないのは、指導方法がわからないからです。国語科の指導方法は、言語活動と捉えることができます。指導内容を焦点化し、指導事項に適した言語活動を準備することが授業づくりの第一歩になります。

第1章では、国語科の指導内容について、学習指導要領をもとにした国語の授業づくりのポイントを紹介します。

第2章では、言語活動アイデア例を紹介します。授業づくりがイメージできるような有名教材をもとに教師も児童も意欲的に取り組めるような言語活動を設定しました。

授業づくりでは、目の前の子どもたちの想いを大切にしてください。そして、先生も子どもたちも国語を楽しんでください。本書が、授業づくりの第一歩を踏み出すきっかけになれば幸いです。

井上善弘

# 目次

第1章

# はじめての国語の授業づくり10のポイント

# 1 国語科授業を確かめよう

## (1) 国語科の授業時数は、どれくらいか

国語科の授業時数は、どれくらいでしょうか。

左のグラフは、総授業時数に占める国語科の授業時数を表したものです。学校生活の中で、小学校低学年が三分の一、中学年は四分の一、高学年は五分の一が国語科の授業です。時間割上でも、週五日の授業日で、毎日必ず国語科の時間が位置付けられます。特に、低学年では、一日に国語科の授業が二時間の日もあるでしょう。

国語が苦手だと考えている児童にとっては、学校生活の五分の一から三分の一が苦手な時間、楽しくない時間になります。その楽しくない時間が毎日必ずあることになります。国語科の時間を楽しめるように工夫することで、児童は充実した学校生活を送ることができるようになります。

国語科の授業時数が多いのは、単に日本語を使って様々な学習を進めるうえでの基礎基本を習得するためだけではありません。日本語で考え、日本語で自分の思いや考えを伝えることで、人間関係の充実をふまえた、楽しく実りある学校生活を送ることにつながるからです。国語科の授業を充実させれば、学校生活が充実するのです。

楽しい国語の授業をすることが、学校生活の充実を図ることになるのです。

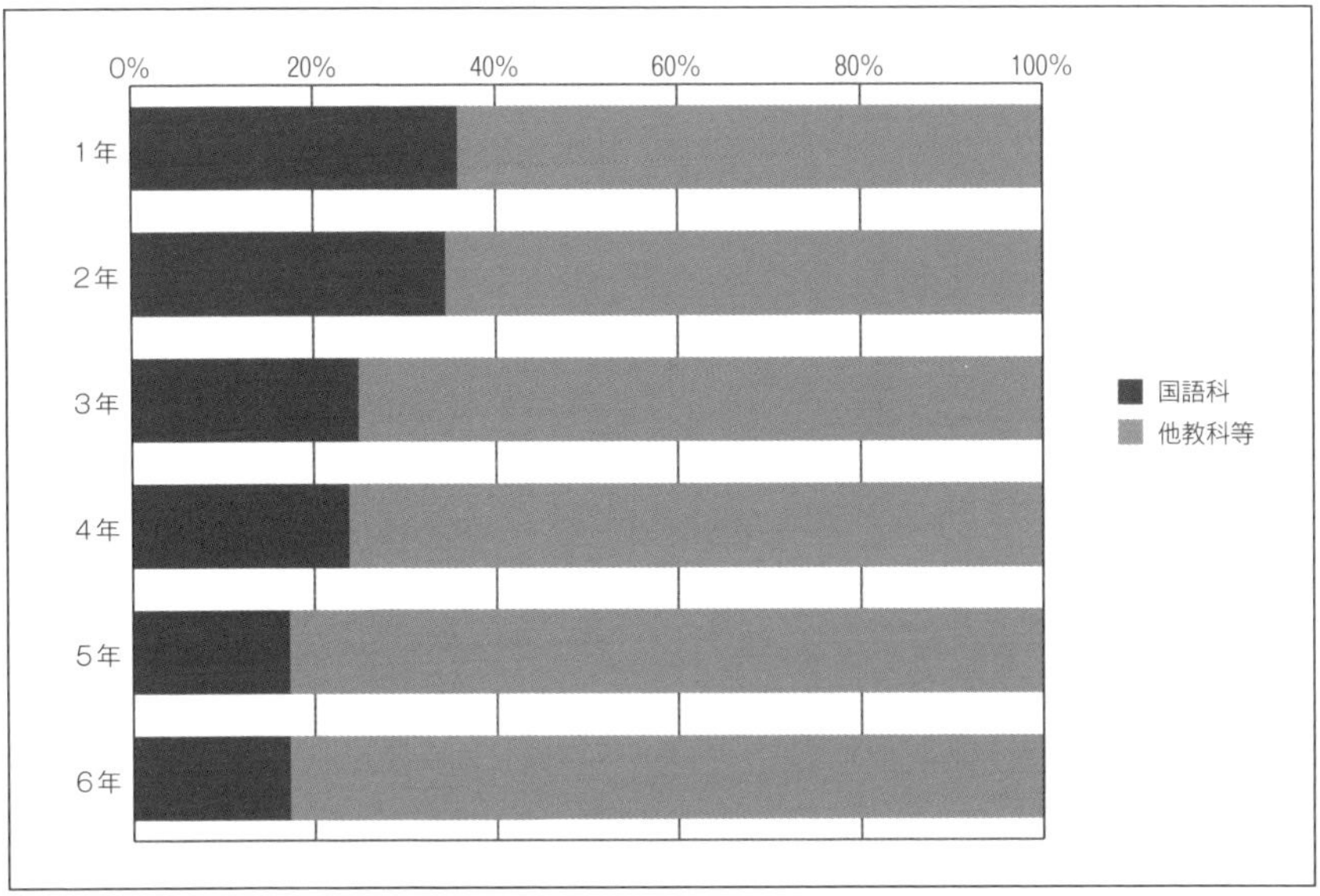


▲総授業時数に占める国語科の授業時数

| 学年 | 国語科 | 総授業時数 | 国語科の週当たりの時数 |
|---|---|---|---|
| 1年 | 306 | 850 | 9 |
| 2年 | 315 | 910 | 9 |
| 3年 | 245 | 980 | 7 |
| 4年 | 245 | 1015 | 7 |
| 5年 | 175 | 1015 | 5 |
| 6年 | 175 | 1015 | 5 |

▲総授業時数と国語科の授業時数

## (2) 国語科では、何を学ぶのか

国語科の学習内容は、学習指導要領で示された指導事項です。

国語科の場合は、【知識及び技能】【思考力、判断力、表現力等】で示されています。三領域とは、【思考力、判断力、表現力等】の中で、音声表現の学びである「話すこと・聞くこと」、文字表現の学びである「書くこと」、読書活動を含めたテキストの読解である「読むこと」です。それぞれの学びに関して、学習指導要領では、配当時間を示しているものもあります。左のグラフは、配当時間数が示されているものをグラフにしたものです。学習指導要領では、「書くこと」が、どの学年でも三分の一程度配当されています。現行の国語科では、書く力の育成が求められていると捉えることができます。

また、このグラフからは、高学年の「読むこと」の指導の工夫が求められていることがうかがえます。グラフで示した「その他」は、「読むこと」と毛筆書写を除いた【知識及び技能】の授業時数です。高学年の教科書には、文学的文章教材と説明的文章教材がそれぞれ二本程度掲載されています。「読むこと」の授業では、「言葉の特徴や使い方に関する事項」「伝統的な言語文化」などを除いた授業時数の中で、「読むこと」の指導を行わなければならないのです。少ない時間で効果的な「読むこと」の指導を行うことが重要になってきます。

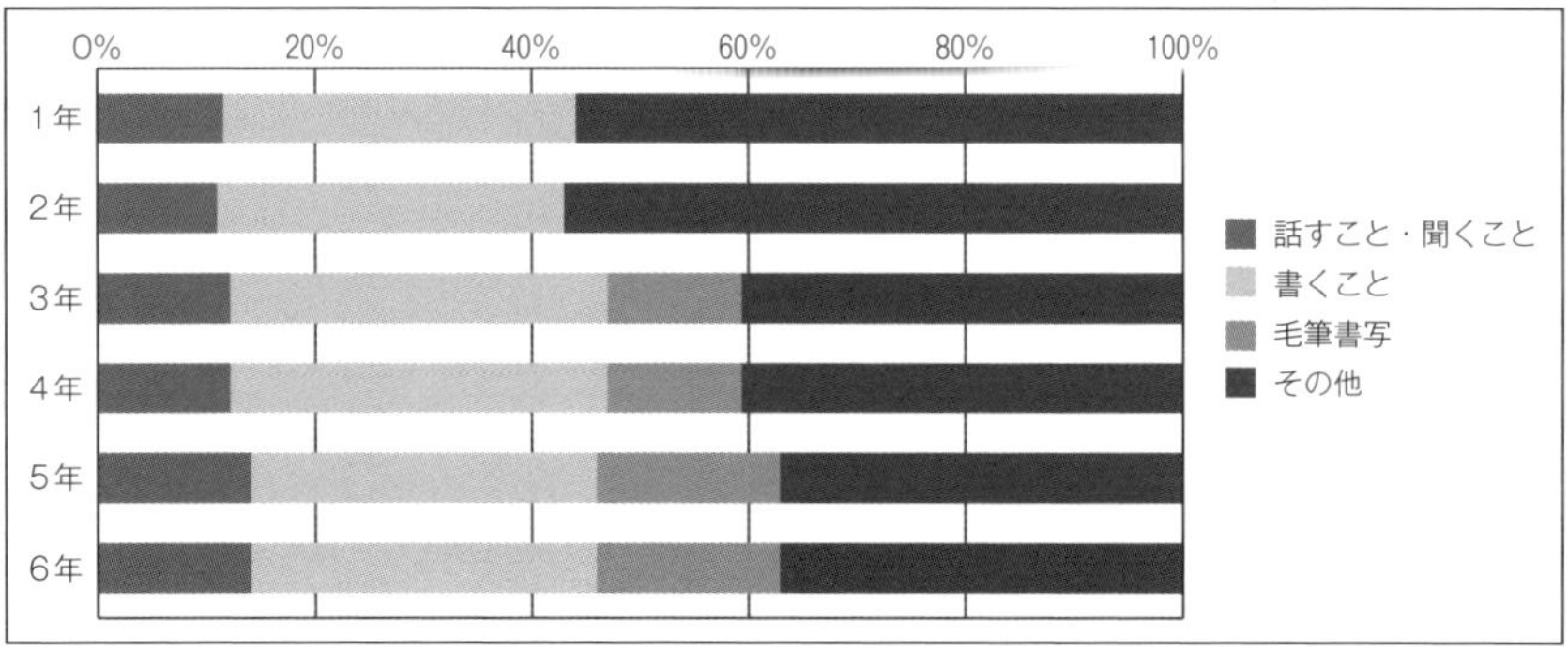


▲国語科，領域別の授業時数配当割合

| 学年 | 話すこと・聞くこと | 書くこと | 毛筆書写 | その他 | 総時数 |
|---|---|---|---|---|---|
| 1年 | 35 | 100 | | 171 | 306 |
| 2年 | 35 | 100 | | 180 | 315 |
| 3年 | 30 | 85 | 30 | 100 | 245 |
| 4年 | 30 | 85 | 30 | 100 | 245 |
| 5年 | 25 | 55 | 30 | 65 | 175 |
| 6年 | 25 | 55 | 30 | 65 | 175 |

▲国語科，領域別の授業時数

○指導計画作成上の配慮事項
第３　指導計画の作成と内容の取扱い
⑷（略）「Ａ話すこと・聞くこと」に関する指導については，（略）第１学年及び第２学年では年間35単位時間程度，第３学年及び第４学年では年間30単位時間程度，第５学年及び第６学年では年間25単位時間程度を配当すること。
⑸（略）「Ｂ書くこと」に関する指導については，第１学年及び第２学年では年間100単位時間程度，第３学年及び第４学年では年間85単位時間程度，第５学年及び第６学年では年間55単位時間程度を配当すること。
２　第２の内容の取扱いについて
⑴カ㋒毛筆を使用する書写の指導は第３学年以上の各学年で行い，各学年年間30単位時間程度を配当する。

# 2 「伝え合う力」を育成しよう

## (1) 「伝え合う力」のための「五つの言語意識」

今回の改訂でも、国語科のキーワードの一つに「伝え合う力」の育成が挙げられています。「伝え合う力」とは、どんな力でしょうか。『小学校学習指導要領解説国語編』には、次のように示されています。

> 「伝え合う力を高める」とは、人間と人間との関係の中で、互いの立場や考えを尊重し、言語を通して正確に理解したり適切に表現したりする力を高めることである。
>
> （傍線、引用者）

一見するとコミュニケーション能力と考えられがちですが、「伝え合う力」とコミュニケーション能力との違いは、「言語を通して」の部分になります。

国語科は、言語の学習です。国語科において、言語の力を育成することで、言語に関する知識・理解を深める言語能力を高めるとともに、言語を用いた円滑なコミュニケーションを行う力を育成することになります。

「伝え合う力」を育成するためには、次の「五つの言語意識」をもたせることが大切です。

**【五つの言語意識】**
**○相手意識**…だれに伝えようとしているのか
**○目的意識**…何のために伝えるのか
**○場面意識**…どのような場面・状況で行われるのか
**○方法意識**…どのような順序・方法で伝えることが効果的か
**○評価・活用意識**…自分の表現や理解の仕方が適切かどうか

児童が五つの言語意識をもつことで、相手や目的、場面に応じた伝え方（方法）で自分の思いや考えを適切に伝えることができるようになります。伝えた後は、自分の伝え方がどうだったかを自己評価することで学びを再点検することになります。このような一連の学びの意識を醸成することが伝え合う力を育成することになるのです。「主体的・対話的で深い学び」の中で、「伝え合う力」を育成するためには、学習者である児童に五つの言語意識を学習活動として意識させることが大切なのです。無意識に行っていたことを、意識して行うようにすることが「伝え合う力」の育成なのです。

そのために教師は、授業前に「五つの言語意識」を学習活動を通して具体化し、学習計画に明確に位置付けなければなりません。「五つの言語意識」は、児童にもたせるだけではなく、教師が授業を行う際に、もたなければならない大切な意識なのです。

## (2)「話すこと・聞くこと」領域の「五つの言語意識」

「話すこと・聞くこと」の学習は、相手や目的に応じて話したり聞いたりする活動が中心になります。直接相手に伝えることが多い領域ですので、「五つの言語意識」を意識させることが重要な学習になります。この領域で、特に意識させたいのは、「方法意識」です。「方法意識」をもたせるためには、次のような学習活動が考えられます。

・自分の好きな本をワークショップ形式で紹介し合う活動

**相手意識**…学級の友達
**目的意識**…友達に読んでもらいたい本を紹介する
**場面意識**…グループごとにワークショップを行う

この三つの言語意識は、教師が設定します。これを受けて、児童は、日ごろの友達の様子や自分の好きな本の特色をもとに、紹介の方法を考えることになります。その際、ワークショップなので友達との距離は近く、目の前で実際に本を紹介できることも考慮します。読み聞かせにするか、ペープサートにするか、タブレットを使って動画を見せるかなど様々な方法の中から最も適した紹介方法を選択することになります。これが「方法意識」の醸成になるのです。

### (3)「書くこと」領域の「五つの言語意識」

「書くこと」も「話すこと・聞くこと」同様に相手や目的が明確な学習です。「書くこと」は、学習指導要領に言語活動例として文書様式（文種）が示されています。そのため、実際の「書くこと」の学習は、文書形式を習得するために、文書形式に応じた相手や目的を設定することになります。決められた方法（文書形式）の中で、読んでもらいたい相手に、自分の伝えたいことを文字言語で伝える学習になります。

また、「書くこと」では、「評価・活用意識」をもたせることが大切になります。書いて終わりにするのではなく、書いたことで自分の思いや考えは相手に伝わり、自分の目的は達成されたかを検証する場面を設けることが教師の役割になります。

### (4)「脱教師」の意識

「話すこと・聞くこと」の授業では、友達の前に立っても、先生に向けて話す児童の姿が多く見られます。作文を書く際にも、読み手は先生であり、先生に読んでもらうだけでは、本当の書く力は、身に付きません。「五つの言語意識」をもたせる国語の授業は、「脱教師」の意識をもたせることが大切なのです。

# 3 国語科における「主体的・対話的で深い学び」を確かめよう

## (1) アクティブラーニング

「主体的・対話的で深い学び」を考えるうえで押さえておきたいのは、アクティブラーニングの考え方です。溝上慎一氏は、アクティブラーニングを次のように分類しています。

（参考 溝上慎一『アクティブラーニングと教授学習パラダイムの転換』東信堂）

### ●アクティブラーニングの3層

A 学習論としてのアクティブラーニング
①学校から社会・仕事へのトランジション（移行）
②学習と成長パラダイム（枠組）
○幼児教育→小学校→中学校→高等学校→大学→社会・仕事
○自らの人生を生き抜く力と社会を形成する力を育てる
◇より社会の形成に積極的に参画する人間の育成を図る

**B　学習概念としてのアクティブラーニング**

①書く・話す・発表する等の活動への関与
②そこで生じる認知プロセスの外化
③認知的、倫理的、社会的能力、教養、知識、経験を含めた汎用的能力の育成を図る
◇考えることと表現の一体化＝思考力・判断力（内言）と表現力（外言）の育成

**C　学習形態としてのアクティブラーニング**

①書く・話す・発表する等の活動
②発見学習、問題解決学習、体験学習、調査学習等、教室内でのグループ・ディスカッション、ディベート、グループ・ワーク等
◇授業内の学習活動としてのアクティブラーニング

学習指導要領には、アクティブラーニングの考え方が反映されています。しかし、用語が使用されなかったのは、「C　学習形態としてのアクティブラーニング」に焦点があてられすぎたからです。指導方法や学習形態がアクティブラーニングと捉えられてしまったからです。大局的な視点をもってアクティブラーニングを行うことで、頭と心がアクティブになる学習が成立するのです。

## (2) 国語科における「主体的・対話的で深い学び」

「主体的・対話的で深い学び」で着目してほしいのは、「で」です。「主体的・対話的で深い学び」の目的は「深い学び」です。目的を達成する手段が、「主体的・対話的な学び」になります。日々の授業が深い学びになるように、児童が主体的になるような学習展開の設定、対話的な学びが充実するような学習課題や学習形態の設定が大切です。

児童が国語の授業に興味をもてない理由の一つに、「この学習は、いつまで続くのだろうか」と見通しをもてない状況があります。そのため学習が受け身になり主体的に学ぼうとする意欲が生まれません。この問題を解決するためには、学習計画を示すことが大切になります。これは、前述した「五つの言語意識」を具体的に示すことです。

「話すこと・聞くこと」の場合は、発表日・時間・対象・会場・規模を、「書くこと」の場合は、読み手・目的・題材・分量・締切日を明確に示します。

特に、「話すこと・聞くこと」と「書くこと」の学習では、最終活動日を示します。人は、ゴールが明確であると、そこへ向けて努力することができます。また、ゴールへ向けて進捗状況を考えて学習することができます。見通しをもって状況判断しながら学習することができるようになることも「主体的・対話的で深い学び」なのです。

「読むこと」の場合は、読んで考えたことをどうするかを言語活動として示します。児童が、「読むこと」に取り組めないのは、「何のために読むの。読んでどうするの」という達成感の欠如があります。この問題を解決するためには、「話すこと・聞くこと」「書くこと」と同様に、最終活動を設定することが大切になります。また、「読むこと」の最終活動は、読書活動と一体化することが大切です。読書活動もただ読むだけではなく、音声や文字で表現する必要があります。「読むこと」の最終活動の設定は、自由度が高く、創意工夫の余地があります。「読むこと」の学習は、国語科の総合的な力を発揮できる学習なのです。

### (3) 学びを閉じない

国語の学習で、「主体的・対話的で深い学び」を実現するには、国語科の学びを教材で閉じないこと、国語科での学びを教室で閉じないことが大切です。アクティブラーニングは、学びを生かし、学び続けることを目指しています。「主体的・対話的で深い学び」も同様に、その教材だけではなく他教科や他教材に生きて働かなければ本当の学びになりません。学んだことが教室を飛び出し、日常生活で生きて働くような授業づくりが求められているのです。その中でも、言語を学ぶ国語の役割は重要なのです。

# 4 「対話的な学び」を工夫しよう

## (1) 「対話的な学び」とは

「対話的な学び」について、中央教育審議会答申では、「対話的な学びの視点（例）」として次のように示しています。

> 例えば、子供同士、子供と教職員、子供と地域の人が、互いの知見や考えを伝え合ったり議論したり協働したりすることや、本を通して作者の考えに触れ自分の考えに生かすことなどを通して、互いの知見や考えを広げたり、深めたり、高めたりする言語活動を行う学習場面を計画的に設けることなどが考えられる。
>
> （『幼稚園、小学校、中学校、高等学校及び特別支援学校の学習指導要領等の改善及び必要な方策等について（答申）』平成28年12月21日）

「対話的な学び」を充実させるためには、音声言語での対話活動と思考としての自己内対話活動の両面の充実が求められています。ただ考えを伝え合う対話活動ではなく、目的を明確にした対話活動を学習過程に位置付けることが求められているのです。

## (2) 対話活動の充実のために

対話活動の充実のためには、何のために対話をするのかという目的意識と、話し合ったことをどうするのかという評価意識を明確にする必要があります。

### ①課題設定＝何を話し合うのか

○課題の設定　○解答例の準備　○解答へと導くための助言の準備

※「話し合いましょう」は、活動指示。課題は、疑問文の形で提示

### ②目的意識、評価意識

「何について」（話題・議題）

「どうするか」（目的）

「どれくらいで」（進行管理）を課題として提示する

### ③対話活動の目的

○確認…書けたかどうか、課題に正対しているか、自分の考えを言えるかなど、初期の言語活動。深めるというよりも確かめる、対話活動に向けての意欲喚起に重点が置かれる

○「話題・議題」と「話し合いの方法」の明確化…評価意識を明確にする

会議型…解答を一つに絞ることが目的

討論型…情報を交流し、質疑応答後、各個人が結論をもつ

## (3) 対話活動の学習形態を工夫しよう

「対話的な学び」の学習形態には、次のようなものがあります。

| |
|---|
| ペア（二人組）　グループ（少人数）　学級（集団） |

ペア学習は、「確認」のための対話活動です。自分の考えを伝え、相手の考えを聞いて返すことが対話です。その際、聴きっ放しにならないようにします。その第一歩が確認です。相手の言ったこと、相手の言ったことでわからなかったことを相手に返すことが確認です。確認することは、ペア学習の形を借りて、自分自身との対話を行っているのです。ペア学習は、相手に伝えることで自分自身の考えを整理することになります。また、ペア学習で大切にしたいのは、感想を伝えることです。感想は、聴いていなければ返せません。自分が思ったことを伝えることは対話の第一歩です。質問は感想よりも高度な言語活動です。まずは、感想を伝えるようにします。なお、ペア学習は、深めることよりも確かめ合うことが目的になるので、時間の確保は必要ですが、あまり時間をかける必要はありません。

グループや学級での話し合いは、考えを共有し、深めるための言語活動です。そのためには、目的を明確にする必要があります。話し合って結論を求める会議型か、意見を出し合って自分なりの解答を求める討論型かを事前に示すことが大切です。授業では、しっかりと時間をとる必要があります。

## (4) 対話活動の充実のための留意点

### ●形式的な対話活動にならないようにする

「対話的な学び」は、授業中にペア学習を取り入れればいいのではありません。前述したようにペア学習はあくまでも準備的な対話活動です。ペア学習では、自分の考えを自分の声で、相手に届ける対話意識の醸成が大切です。「対話的な学び」には、教師のモデルが必要なります。まず、教師が進行役となり一人一人が対話意識をもって話し合うことができるようにすることが求められます。少人数での話し合いは、学級での話し合いができるようになってからでも遅くはありません。

### ●異学年交流の相手は、上学年と

「対話的な学び」として、異学年と交流することがあります。その場合は、上学年との交流が深い学びにつながります。上学年に説明することは、適度な緊張感を伴い、説明内容の深い理解と効果的な説明方法が必要になります。同様に、交流相手である上学年も、既習内容を再考し、学習経験を生かして助言することになります。下学年との交流では、下学年がお客様になったり、次年度の学習を先取りしたりすることになり、対等な学びにはなりません。上学年との交流は、互いに深め合い、高め合う学びを達成できます。

# 5 「深い学び」のために教材研究を工夫しよう

## (1) 「深い学び」とは

「深い学び」について、中央教育審議会答申では、「深い学びの視点（例）」として次のように示しています。

「言葉による見方・考え方」を働かせ、言葉で理解したり表現したりしながら自分の思いや考えを広げ深める学習活動を設けることなどが考えられる。その際、子供自身が自分の思考の過程をたどり、自分が理解したり表現したりした言葉を、創造的・論理的思考の側面、感性・情緒の側面、他者とのコミュニケーションの側面からどのように捉えたのか問い直して、理解し直したり表現し直したりしながら思いや考えを深めることが重要であり、特に、思考を深めたり活性化させたりしていくための語彙を豊かにすることなどが重要である。

（『幼稚園、小学校、中学校、高等学校及び特別支援学校の学習指導要領等の改善及び必要な方策等について（答申）』平成28年12月21日）

## (2) 教材研究の充実

「深い学び」に迫るには、単元や一単位時間で「何を学び」「何ができるようになったか」を想定する必要があります。この想定に欠かせないのが教材研究です。

国語科の教材研究には、付けさせたい力の検証と教材・題材の研究、言語活動の研究の三つがあります。

付けさせたい力の検証とは、児童の実態把握と指導事項の確認です。

教材・題材の研究とは、多くは教科書教材の分析になります。「話すこと・聞くこと」「書くこと」では、教科書の題材が児童の実態に合っているかどうかを検証します。

### ●「話すこと・聞くこと」の教材研究

「話すこと・聞くこと」の教材研究に欠かせないのは、教師が実際に行うことです。例えばスピーチの学習の場合は、題材選定、資料の収集、構成メモ・構成表の作成、実演、録画したものによる自己評価が教材研究になります。それぞれの過程を実際に行うことで、課題が発見できます。その課題を解決することで児童に対する助言・手だてを準備することができます。話題が見つからない児童に対しては自分が考えたものを示したり、資料が見つからない児童には資料を手渡したりすることができます。教師のスピーチを録画したものや教師が実演することは、児童のモデルになり、学習に対して見通しをもつことになります。

## ●「書くこと」の教材研究

「書くこと」の教材研究も、教師が授業展開にそって作品を書くことが教材研究になります。また、教師の作品も児童にとってはモデルとなり、完成作品のイメージをもたせることになります。「書くこと」では、書く手順にそってワークシートを準備することがあります。題材選定や取材にあたっては、付箋紙やメモ用紙にいくつかの題材や取材したことを書きます。この時のメモは、そのまま児童への手だてとなります。構成段階では、構成表や構成の推敲などのワークシートを作成します。その際、直接書かせるのか、付箋紙を使うのかなど、教師が実際に行うことで児童にとって最もよいものを設定することができます。記述段階では、教師が実際の原稿用紙やワークシートに書くことで、記述に必要な時間や分量（文字数・枚数）も明確になります。

## ●「読むこと」の教材研究

「読むこと」では、「確かな読み」と「深い読み」を教師がもつことが教材研究です。教師が一読者として作品に対する「読み」をもつことは、「読むこと」の授業では欠かせないことです。「教師の読みを押し付けてはいけない」のは、「深い読み」の段階です。「確かな読み」を「深い読み」にするには、教師からの働きかけが必要です。児童同士で深め合いができるのが理想ですが、そううまくいかないことがあります。「読みには間違いはないから、自由に言っていいよ」は、無責任な指示です。「深い学び」に向かわせるために、揺さぶったり、別視点を与えたりすることが必要です。教材研究段階で、教師が「深い読み」をもつことが必要になります。

## (3) 思考を深める学習課題

「深い学び」に迫るためには、「深い学び」に向かう学習課題の設定が必要です。「読むこと」の学習では、PISA型読解力の考え方が参考になります。PISA型読解力の基本的な過程は、次のようになっています。

①指摘（見つける）
②解釈（関係づける）
③評価・熟考（自分の考えをもつ）

「読むこと」の学習では、自分の考えをもって対話活動を行い、最終的な自分の考えをもちます。最終的な自分の考えが「深い学び」となります。その際、大切なのが「評価・熟考」です。「評価・熟考」は、「読みの自己化」と言い換えることできます。この場合の「自己化」とは、「自分ならこう考える」という自分の立場で考えをもつことです。このような考えをもたせるために、児童に問うのが思考を深める学習課題となります。発問にあたっては、「あなたは」で問い、「わたしは」で答えさせることが大切です。自分の意見をしっかりもたせることが「深い学び」なのです。

（参考　有元秀文『教科書教材で出来るPISA型読解力の授業プラン』明治図書）

# 6 言語活動を工夫しよう

## (1) 言語活動の充実

言語活動の充実は、『小学校学習指導要領』の「総則第3、1(2)に「国語科を要としつつ各教科等の特質に応じて、児童の言語活動を充実すること」とあります。各教科等における言語活動の充実を図るためには、言葉を直接の学習対象とする国語科の果たす役割が大きいのです。言語活動の充実は、国語科学習の充実と言い換えることができます。

国語科の言語活動の例として、学習指導要領には「言語活動例」が示されています。

「話すこと・聞くこと」には、紹介、報告、説明など大きなくくりでの言語活動とインタビューという具体的な言語活動が示されています。

「書くこと」には、日記、手紙、物語、短歌や俳句など目的に応じた文書様式（文種）で書く言語活動が示されています。

「読むこと」には、説明的な文章、文学的な文章、読書などについて大きなくくりでの活動が示されていますが、具体的な言語活動は示されていません。児童の実態や指導事項、教材によって、児童と教師が言語活動を工夫しながら進めることになります。「作品は違っても言語活動は同じ」と児童が思わないようにするためにも、「読むこと」の言語活動の充実が求められているのです。

### (2) 多様な言語活動

言語活動を充実させるためには、多様な言語活動を準備する必要があります。特に、「読むこと」の学習では、「教材が変わっても言語活動は同じ」という児童の不満があります。「読んで、線を引いて、思ったことを書いて、発表して、おわり」では、児童だけでなく教師も国語嫌いになってしまいます。そうならないためにも、教師は、多様な言語活動を準備しなければなりません。

「第2章　学年別・文学教材の指導アイデア」では、教材特性を生かした言語活動を紹介しました。参考にしていただければ幸いです。

### (3) 興味・関心をもたせる言語活動

「国語の授業は、いつも同じ」という問題を解決するには、児童の興味・関心に応じた言語活動を設定する必要があります。前学年までに経験したことがない活動の設定です。「読むこと」の学習は、年間5教材程度です。文種では、文学的文章と説明的文章があり、それぞれ2、3教材の授業を行います。国語科の授業では、児童の発達段階や教師の個性、地域の特色や社会情勢などに応じた言語活動を二つか三つ実践することになります。

児童にぴったりだ、楽しそうだと思う言語活動を準備し、実践することが、言語活動の充実につながるのです。

## (4) 指導事項との整合性

興味・関心をもたせる言語活動が見つかったら、次は指導事項との整合性を図り、その活動を検証します。

アーノルド・ローベルの「お手紙」を例に考えてみましょう。

○発想　題名が「お手紙」だから、言語活動は「登場人物に手紙を書く」を設定する
○展開　場面ごとに登場人物に手紙を書く
○終末　好きな登場人物に手紙を書く

この言語活動を検証してみましょう。

この作品の場面は、前半は、一日のできごとだけです。一日のうちに何通も手紙を出し合うのは不自然です。また、後半の手紙を四日間待つ場面は、一文です。一文に対して四日分手紙を書くのは至難の業です。終末の手紙だけを書かせるにしても、児童にとっては唐突な言語活動になってしまいます。そこで、最終的な手紙を書かせるためには、展開部分ではどのような言語活動を設定すればいいかを考えることになります。

このように、終末の活動と展開部分の活動の整合性を図ることが、言語活動を充実させることにつながります。

## (5) 日常的な言語活動の充実

言語活動の充実は、国語科の授業を中心にしますが、日常的な言語活動の充実も大切になります。児童の学校生活は、学習だけでなく、人間関係の構築や社会性の習得など言語を用いた活動であふれています。国語科の学習で学んだことを生かしたり、日常生活で学んだことを学習で生かしたりしながら生活しています。

### ●発声力の育成

声を出すことは大切なことです。国語科では発話力を培います。発話力の前提にあるのが発声力です。発声力を育成するには、音読が有効です。国語科に限らず様々な教科等の指導、家庭学習で音読を取り入れることで声を鍛えていくことが大切です。また、日常的な取り組みには、あいさつが挙げられます。あいさつは、場に応じた声の大きさが求められます。躾ではなく、声を出す練習としてあいさつを充実させることが大切です。

### ●書く習慣を付ける

書く力は、書き慣れることから始まります。様々な機会を利用して書く場面を設定することが大切です。教師の関わりとしては、書かせたものは読んで、褒めることが求められます。教師のほめ言葉一つで、書く力は向上します。

# 7 単元計画を工夫しよう

## (1) 国語科の単元計画

国語科の学習は、教材を中心とした数時間のまとまりで展開する単元学習で計画します。単元の一時間は、その時間での完結ではなく、それぞれの時間が関連し合って、連続性のある学習が展開されます。単元計画の作成にあたっては、一単位時間のつながりを意識することが大切になります。

「話すこと・聞くこと」「書くこと」の単元展開は、学習指導要領の指導事項にそって計画することができます。ただし、時間配分に関しては、児童の実態に応じて設定する必要があります。

「書くこと」で、押さえておきたいことは、「推敲」の位置付けです。「推敲」は、記述後だけに行う言語活動ではありません。指導事項の選材、取材、構成、記述のそれぞれの段階で「推敲」を行います。例えば、取材段階で、自分が集めた情報で、本当に過不足はないかどうかを推敲する時間を設定します。情報の取捨選択、整理、追取材等が取材での推敲になります。単元計画を立てる際には、推敲の位置付けが重要です。

## (2) 単元計画の作成

### ❶ 終末の活動を設定する

単元計画を立てるうえで重要なのは、終末の活動の設定です。終末の活動は、「深い学び」に直結します。その単元でどのような力を付けるかを明確にした学習活動を設定します。その際、発表会等の「学びを教室で閉じない」活動を行う際には、授業参観や公開授業など学級以外の人とも交流できるような日程を考慮します。最終活動は、単元全体をふりかえる時間を設定します。

## ❷ 導入の活動を設定する

次に、終末の活動に向かうための入り口である導入の活動を設定します。児童に知的好奇心をもたせ、興味・関心をもたせる魅力的な活動を設定します。導入の活動の充実は、「主体的な学び」に不可欠です。単元の見通しをもたせ、終末までやり遂げたいという意欲をもたせます。理想としては、児童に学習計画表を作成させたいのですが、はじめは、教師が提示します。また、導入の時間も教材や児童の実態に応じて数時間配当します。「読むこと」の初発の感想も必要に応じて書かせます。導入は児童の学ぶ意欲を醸成する大事な時間です。形式的な活動にならないように注意します。

## ❸ 展開を整理する

終末、導入が明確になれば展開も充実します。終末の活動に向かうために必要な学習活動を配置すればいいからです。指導事項に照らし合わせながら余裕をもった時間数を配置します。また、展開の一単位時間の関連を図るようにします。国語の授業は、連続ドラマです。一単位時間で終結しつつも前時と次時との関連を図ります。

### (3) 「話すこと・聞くこと」「書くこと」の単元計画のポイント

「話すこと・聞くこと」「書くこと」では、定着や練習、推敲の時間に配慮します。教師の都合で児童を急がせても学びにはなりません。たくましい学び手を育てるためにも、教師、児童ともに余裕をもった展開になるようにします。

### (4) 「読むこと」の単元計画のポイント

「読むこと」では、「深い学び」につながる指導事項の精選が大切です。あれもこれも詰め過ぎると児童は疲弊してしまい、学んだことを実感することはできません。終末の活動に直結する指導事項を配置することが大切です。

展開の最後には、作品全体のふりかえりや全文を読み返す時間をもつことが大切です。場面ごとに読み進める展開では、最終場面で終わる場合が多いと思います。しかし、文章は全体でひとまとまりです。ひとまとまりの作品として読み返すことで、部分ではなく全体を関係付けて読むことになります。文学的文章の学習であっても関係付けながら読むことは、論理的に考えることになります。

作品を全体のまとまりとして読む場合の学習課題としては、「思考を深める学習課題」が適しています。「思考を深める学習課題」では、登場人物や作者に対して、自分はどう思ったかを考えさせます。最終的な考えをもつことが、読みを深めることになり、「深い学び」になるのです。

◇単元計画のイメージ

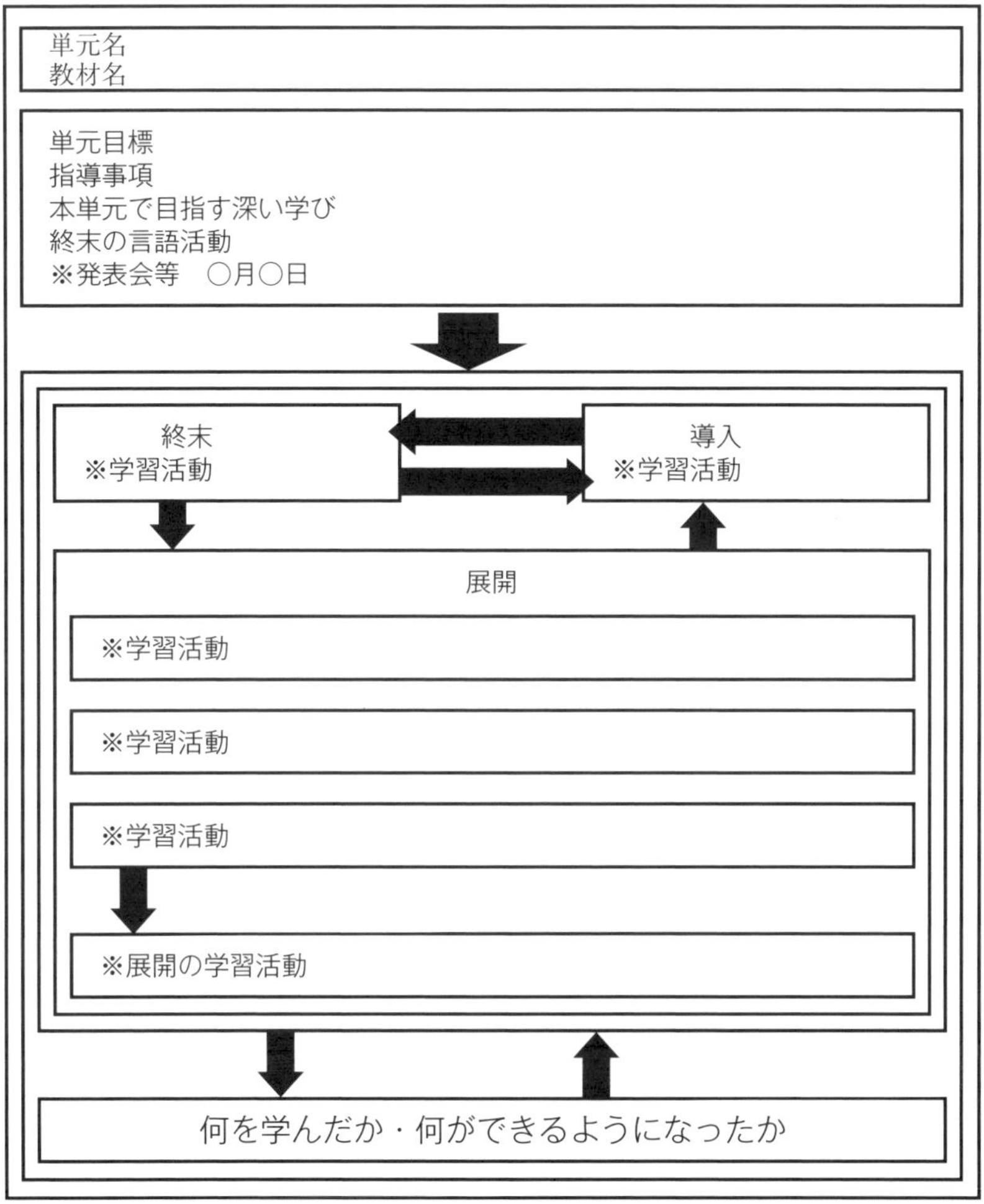


| | | |
|---|---|---|
| ①終末の活動<br><br>※目指す児童像<br>※ふりかえりの観点 | ②導入の活動<br><br>※終末の活動との整合性を図る | ③展開<br><br>※単元全体との関連 |

# 8 一単位時間を工夫しよう

## (1) 主体的な学び

### ●学習課題を提示する

学習課題は、単元や一単位時間の学習目標に直結したものです。例えば、「ごんぎつねの帯紙をつくろう」という単元では、帯紙を作ることは活動課題です。登場人物の心情や作品の主題に直結するような自分の考えを書くことが内容課題となります。学習課題は、単元の内容課題に迫るような叙述や構成、表現に着目した課題を設定します。学習課題を明確にすることで、各時間の内容課題が判で押したように「第○場面の登場人物の気持ちを考えよう」になることは避けられます。

### ●教師の発話を整理する

学習指導中の教師の発話は、大きく「発問」「指示」「説明」に分けられます。

**発問**

「発問」は、主発問を核にし、児童の理解の過程にそって出されるものです。そのため、主発問を提示する際には、学習課題との関連を図るようにすることが重要です。また、主発問は、導入時に行います。

### 指示

「指示」は、活動を示唆するものです。指示の例としては、「教科書を読みましょう」「ノートに書きましょう」などがあります。また、「教科書に線を引きましょう」「教科書から書き出しましょう」などは、「発問」と受け取られがちですが、これらはあくまでも「指示」であって、「発問」とは言えません。

### 説明

「説明」は、語釈や解説など、「発問」を受けて児童の思考や想像を補助するためのものです。そのため、「説明」は、解答ではなく、あくまでも児童が考えるためのヒントとして提示することが求められます。

## ●主発問を言い換える

「主発問」を提示したあとに、児童の反応がおもわしくなく、教師が「主発問」を言い換えることがあります。実は、この言い換えは、児童にとって良い影響を与えることはありません。児童にとっては、「別の発問」として受け取ってしまうからです。学習課題を主発問として、児童に提示する場合は、表現には十分配慮しなければなりません。

## (2) 対話的な学び

### ●自分の考えをもつ

一見、活発に話し合っているように見える話し合い活動も、実は思い付きだけの言い合いであることは多々あります。原因としては、自分の考えをもつ間もなく話し合い活動へ参加させられていることが挙げられます。考えの交流においで大切なのは、自分の考えをもってから参加し、話し合い後に自分の考えを再考する時間と場が設定されていることです。

### ●自分の考えを表す

考えたことを表現する手段は多様であったほうがいいです。図解することが得意な子、絵に描き表したものに言葉を添えることが得意な子、自分の生活経験と合わせて表現することが得意な子など、多様な表現方法を用いて表現させることが重要です。そして、それらの表現活動から生み出された考えを交流し合うことが、読み取りに対する考えの違いを認め合うことになります。自分なりの考えを出させるためには、自分なりの表現方法を認めることが大切です。

### ●ペアで伝え合う

ペア学習は、自己表出と自分の考えの確認をする場です。自分の考えを相手に伝えることは自分の考えを再考することになります。考えは、だれかに伝えることで共有できます。短時間でもいいので自分の考えをだれかに伝えることが大切です。学級全体の伝え合いでは、全員の意見を伝え合う時間の確保は難しいです。ペア学習で自分の意見を伝える経験を重ねていくことが全体発表への第一歩です。

### (3) 最後の五分間を児童に返そう

学習の最後にはまとめやふりかえりを位置付けます。

まとめは、学習課題に対する意見の集約や学習課題に対する学びの整理です。児童が出した様々な意見を関連付けてまとめます。まとめ方には、一つにまとまる場合と複数になる場合があります。はじめは教師がまとめ方を示し、次第に児童が自分でまとめられるようにしていきます。また、思考を深める課題を出し、学びを深める場合もあります。「読むこと」では、ふりかえりよりもまとめのほうが効果的です。

ふりかえりは、学習活動に対する自分の関わり方を自己評価することです。「話すこと・聞くこと」「書くこと」のように技能を学ぶ場合に行うと効果的です。

まとめやふりかえりは、必要に応じて設定します。対話的な学び同様、「授業の最後はまとめやふりかえり」と形式的に位置付けても学びが形骸化するだけです。本当に必要な時だけ行いましょう。

まとめやふりかえりには、五分程度の時間を設定します。自分の考えをもち、書きとめるためには十分な時間が必要です。学習の主体は、児童です。児童が自らと対話する時間と場を設定することが「主体的・対話的で深い学び」につながるのです。

# 9 音読活動を充実させよう

## (1) 発声力を鍛える

今回の学習指導要領の改訂で、共感したのは「音読、朗読」が【知識及び技能】に位置付けられたことです。これまでは、「読むこと」領域に位置付けられていました。そのため、「音読、朗読」は、「読むこと」領域で教材文を音声化する指導が中心でしたが、今回の改訂で他領域と関連させた指導の充実が求められるようになったのです。『小学校学習指導要領解説国語編』では、他領域との関連指導として次のように解説しています。

【第一学年から第四学年】
・「B書くこと」の「推敲」に関わらせる
【第五学年及び第六学年】
・「B書くこと」の「共有」に関わらせる

つまり、文字言語を音声化する過程で、誤字脱字や言葉の使い方を見直すために音読するのです。特に、低学年では、自分の書いた文字や文を音声化することが難しい児童もいます。文字や文の正確な理解のためには、音読は重要な役割を担っているのです。

「話すこと・聞くこと」の学習でも音読は重要な役割を担います。声が小さくて話が聞こえない児童がいます。「話すこと・聞くこと」の指導で声が小さく相手に声が届かないのは致命的です。このような児童は、自分の思いや考えを音声化する経験が少ないのです。「話すこと」の指導の基本は、発話力の育成です。発話力とは、自分の思いや考えを正確に伝えることです。しかし、その前提となる「聞き手に声を届ける」ことができないのでは、「話すこと・聞くこと」は成立しません。

音読には、声を出す力つまり発声力を育てる機能があります。音読を繰り返すことで発声力を鍛えることができるのです。前述のような児童が少なくなるように音読の機会を増やし、児童の発声力を鍛えれば声が小さくて話せない児童は減るはずです。

発声力を育成する指導として、「話すこと・聞くこと」の学習のはじめに音読の時間を設定することを提案します。音読する材料は児童が楽しんで声を出せるような「早口言葉」や「言葉遊び歌」がいいと思います。高学年では、古文や漢詩、口語調の詩など伝統的な言語文化を用いるのもいいでしょう。発話の準備体操として音読を位置付け、音読でしっかり声を出し、声の調子を整えてから学習に入るようにしたいものです。

また、音読の機会を増やすことは、声を出す楽しさを実感として理解できるようになります。楽しく声を出すことで、話すことの楽しさを実感することになるのです。

「対話的な学び」がすべての授業で求められています。国語には、その基礎基本となる発声力、つまり、声を鍛える指導が求められているのです。

## (2)「読むこと」における音読指導

「読むことの学習は、全文音読から始める」。これが私の提案です。

音読指導の充実で欠かせないのは、「読むこと」の指導の中での音読です。「読むこと」の教材は、物語や説明文など連続型テキストです。「読むこと」の授業では、連続型テキストの理解のために場面や段落に分けて解釈したり熟考したりします。このような展開は問題ないのですが、授業のはじめの音読まで分ける必要はあるのでしょうか。

物語は、ストーリーの展開の中で登場人物の変容を追うことが大切です。それならば、学習場面の前後の理解は不可欠です。前時のふりかえりを教師が説明するよりも、児童が自ら全文を音読するほうが効果的です。授業のはじめに全文を音読することで作品全体を再読することになり、読みの力も付きます。また、前述したように発声力を鍛えることになり、対話的な活動も充実します。

授業のはじめの音読は、一斉音読（斉読）が基本です。中学年までは、斉読を推奨します。高学年では、個別の微音読を行えば時間を減らすことはできます。授業のはじめの活動として、全文音読を位置付け、作品全体を読むことを大切にしたいものです。音読は、対話的な学びです。児童は、音読することで作品と正対し、自分自身と対峙することになります。

### ●音読方法の例

音読には、多種多様な音読方法があり、学習の目的や教育効果に応じて設定します。

**斉読**…全員で声をそろえて音読する

文字や文、文章を正確に音声化する力を付ける。他者の音声を聞きながら読むことで音読が苦手な児童も意欲的に取り組むことができる。

**追いかけ読み**…教師が一文を読み同じ文を全員が音読する

文章を構成する「文」を正確に捉える力を付ける。低学年向き。

**役割読み**…登場人物と地の文に分けて音読する

会話文に着目させることで登場人物を捉える力を付ける。班や列、個別選択など分け方を工夫する。会話文を教師が読み、地の文を児童が読む役割読みでは、地の文を行動の主体者が読むようにすることで「語り手」を意識させることができる。

**選択読み**（竹の子読み・好きなところ読み）…自分が選んだ文を起立して読む

心に残った文や登場人物の心情が変化した文など、選択するための課題を与えて音読することで読解と一体化した音読となる。なお、児童が選択しない場合は、教師が音読する。

**速読**…正しく速く音読する

一分間でどれくらい読めるか把握させる、五分間でどれくらい読めるか把握させる、教師と競争して音読する、など段階を示して速く読めるようにしていく。その際、姿勢、撥音、声の大きさ、正確さなど気を付ける点を明確にする。個別の音読。

**微音読**…小さな声で速読する

速読を個別に行う音読。教師が読み終わりを確認するために、立って微音読し終わったら着席したり、座ったまま微音読し終わったら教科書を伏せたりさせる。

**朗読**

『小学校学習指導要領解説国語編』には、朗読について次のように解説している。

読者として自分が思ったことや考えたことを踏まえ、聞き手に伝えようと表現性を高めて、文章を声に出して読むこと

音読は読解手段である一方、朗読は表現手段である声の大きさ、強弱、抑揚、間の取り方など音読技能を駆使して、上手に読むことが求められる。

**音読記号**…音読技能を記号化し、叙述に書き込む

音読記号の扱いも音読と朗読では異なる。音読の場合は、記号を考えて付けることが目的になる。登場人物の心情を考えて、それに合った読み方を考えることで読解していく。朗読の場合は、自分が付けた音読記号にそって上手に音読することが目的である。自分の音読を聞き返したり友達から助言を受けたりしながら技能を高めていく。

## ●音読の家庭学習

音読は、授業の中で行うことが大切です。一人一人の音読の様子は、教室でしか把握できません。家庭学習での音読は、「音読する楽しさ」がキーワードになります。「読むこと」単元では、教材文を音読させることで内容理解や授業時間では足りない音読技能の習得を行うことになります。また、その成果は、授業の中で発揮できる楽しさがあります。

「話すこと・聞くこと」「書くこと」単元では、教科書の詩や伝統的な言語文化の作品、市販の音読集、教師が好きな作品など、教師も児童も一緒に音読して楽しいものがいいでしょう。

# 10 学習ノートを工夫しよう

## (1) 国語科の学習ノート

学習ノートは、毎時間の学習の記録であるとともに、児童の思考形成の場でもあります。また、児童にとっては、思考表出の場でもあり、個性を発揮する場でもあります。だからこそ、教師は、児童が思考したものを表現しやすくするための工夫が求められます。

ノートづくりは、一年サイクルで行います。担当学級の学びを積み重ね、記録・交流し、学びを実感的に捉えることができるようにします。

第一学年から第六学年まで、学習ノートを使用しない学年はないでしょう。特に、国語科においては、文字表現の言語活動として学習ノートに自らの字を残していくこと、自らの考えを記録していくことは重要な活動です。

### ●低学年の学習ノートづくりのポイント

低学年では、学習ノートづくりのモデルは、教師の板書です。学習課題、自分の考えとともに、友達の考えを記入するなど、教師が黒板に示したことを書き写すことから始めます。

## ●中学年の学習ノートづくりのポイント

中学年では、レイアウトを意識した学習ノートづくりを行うようにします。考えを図式化したり、絵や図などを用いたりして、自分の考えを構成する要素を多様な表現方法で書き表すようにします。そのためには、教師も多様な学習活動や板書を提示する必要があります。特に、児童の発言を板書する際には、関係性を示したり、児童の言葉をわかりやすい表現に変えたりすることが求められます。

## ●高学年の学習ノートづくりのポイント

高学年の学習ノートは、単に学習記録ではなく、自分の考えを表現するための資料づくりと考えることができます。高学年では、レイアウトを含めて、「見せる学習ノート」づくりが重要になってきます。自分の思いや考えを記述するだけでなく、記述したものを使って発表したり、交流したりするための資料と位置付けることが大切です。学習ノートをもとに、自分の思いや考えを表出し、他との交流を経て、もう一度自分の思考の軌跡をたどり、再考し、再構築した考えや思いを再表現させることが大切です。

なお、友達からの意見や感想が自分の学習ノートに残ることで、伝え合うことの達成感や成就感、人間関係の構築などを共有することにもつながります。ノート指導の充実を図ることは、児童の学習意欲を高めることになります。

学習ノートは、家庭と学級とをつなぐ学級通信であり、家庭に学校での学びの様子を伝える学級通信でもあります。学習ノートの充実は保護者との信頼関係をはぐくむことにもなります。

## (2) 学習ノートづくりの五つのポイント

### ❶ 板書との整合性を図る

学習ノートをつくることは、実は、かなり高度な作業です。ノートづくりの第一歩は、黒板を写すことから始めます。一単位時間の終了後の板書が、児童の学習ノート見開き一ページ分で完結するように心がけることが大切です。

### ❷ 日付を書かせる

学習ノートには日付を記入することが大切です。児童にとっての日付は、学習計画の進捗状況の把握になります。自分の位置を知ることは、学びの見通しをもつことになります。一時間一時間の積み重ねの中で、自分の学びを記録させることが重要です。

### ❸ 目的別の学習ノートを用意する

国語科の学習は、各領域の学習、漢字の学習、言葉の学習で構成されています。学習ノートも、これらに合わせて用意することが望ましいです。なお、「書くこと」に関しては、低学年段階から原稿用紙タイプの学習ノートを用意し、個人文集の形で指導することも考えられます。

### ❹ ふりかえりコーナーを設置する

一単位時間や単元ごとに、自らの学習をふりかえって記入させるようにすることが大切です。これは、低学年にも求められる言語活動です。授業の最後に「今日の学習でわかったこと」（まとめ）や「今日の学習で考えたこと」（ふりかえり）など、本時の目標に照らし合わせて記入するようにします。また、高学年では、自分の考えを明確に書かせるために、「あなたは、どう考えるか」のような思考を深める課題を提示することも大切です。

## ❺ 教師のコメントを付ける

学習ノートは、毎時間回収し、コメントを付けて返すことが望ましいです。授業中に発言として表出されなかったけれど、全体に取り上げたいことなどを把握するためにも、時間をつくってコメントするようにしたいです。また、児童が工夫をした学習ノートに関しては、学級全体に紹介し、共有化していくこともノートづくりのメッセージになります。

### ●学習ノートの例

**○基本的な構成としては、「単元の表紙」、「授業時間ごとの記述」、「あとがき」とする**

**○授業時間ごとの記述は、一時間見開き一ページで終わるようにする**

これは、板書と同じで、一目見て学習内容が把握できるようにするためです。なお、単元名、教材名、学習日は、欄外に記入することで、インデックスの役割をもたせることになります。

**○次時は、新しい見開きから記入するようにする**

◇学習ノートの例

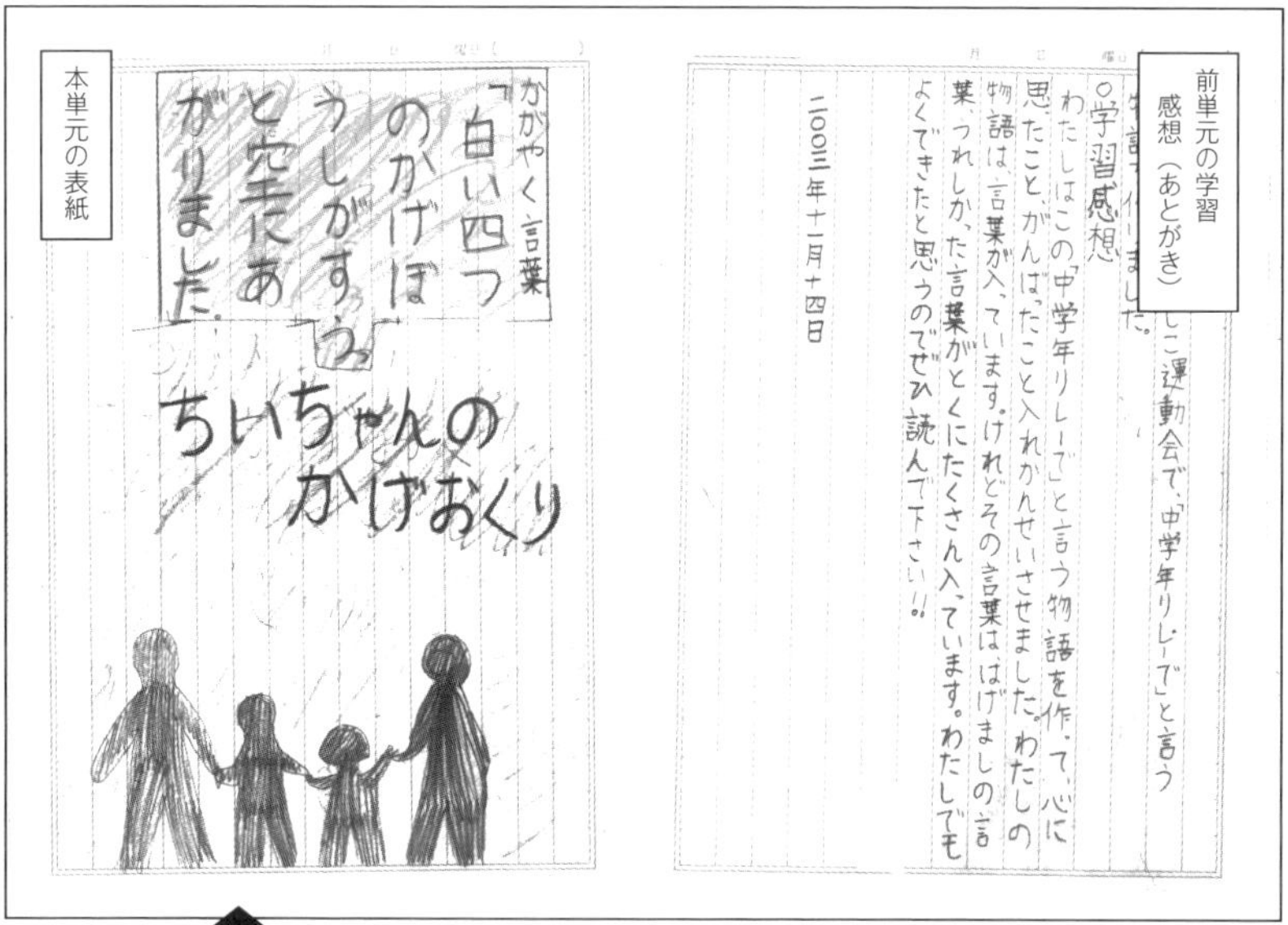


〈単元の表紙〉
単元の最後の学習活動として行う。単元名，教材名とともに，その単元での学習を紹介するキャッチコピーを付ける。

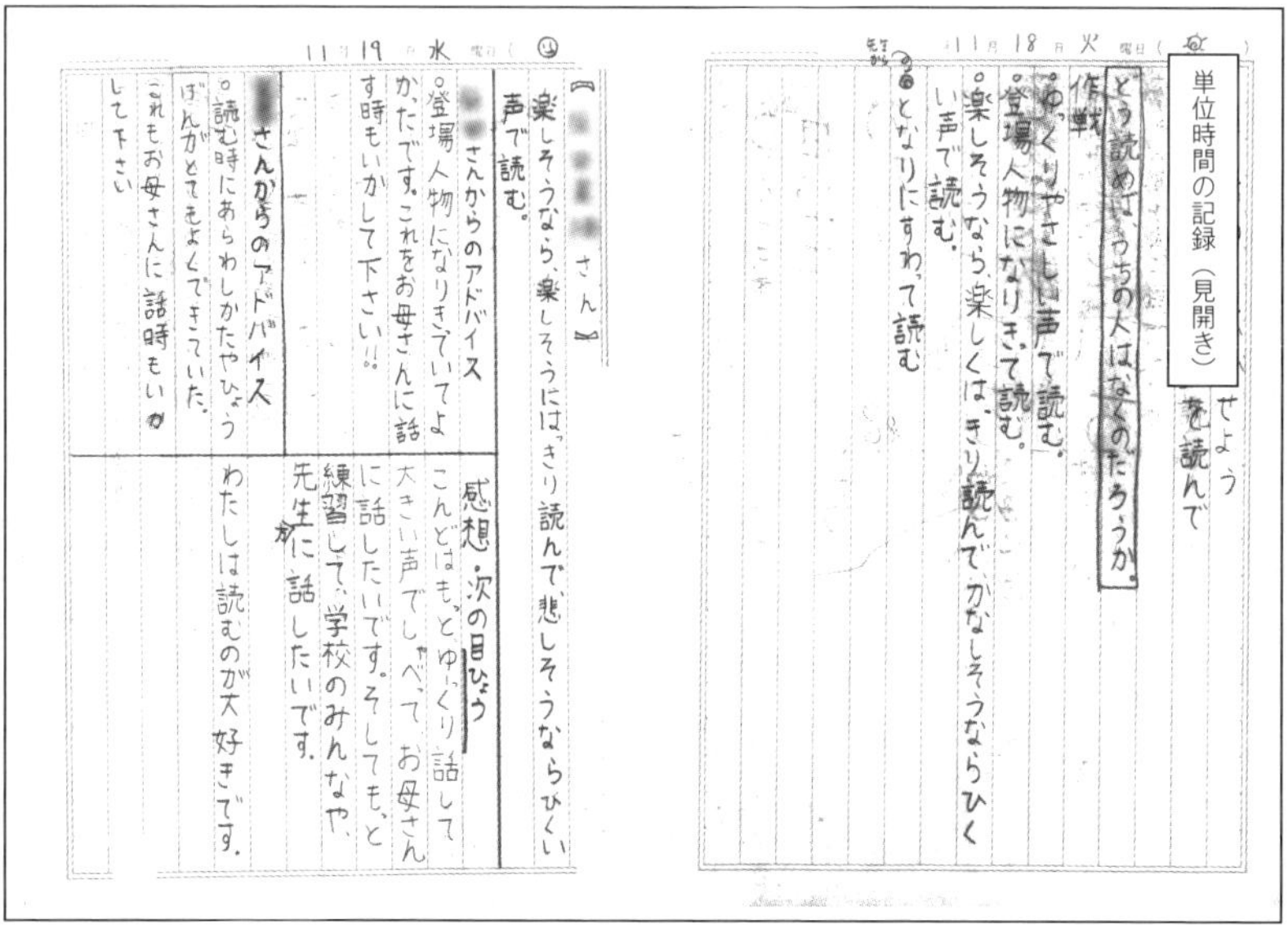

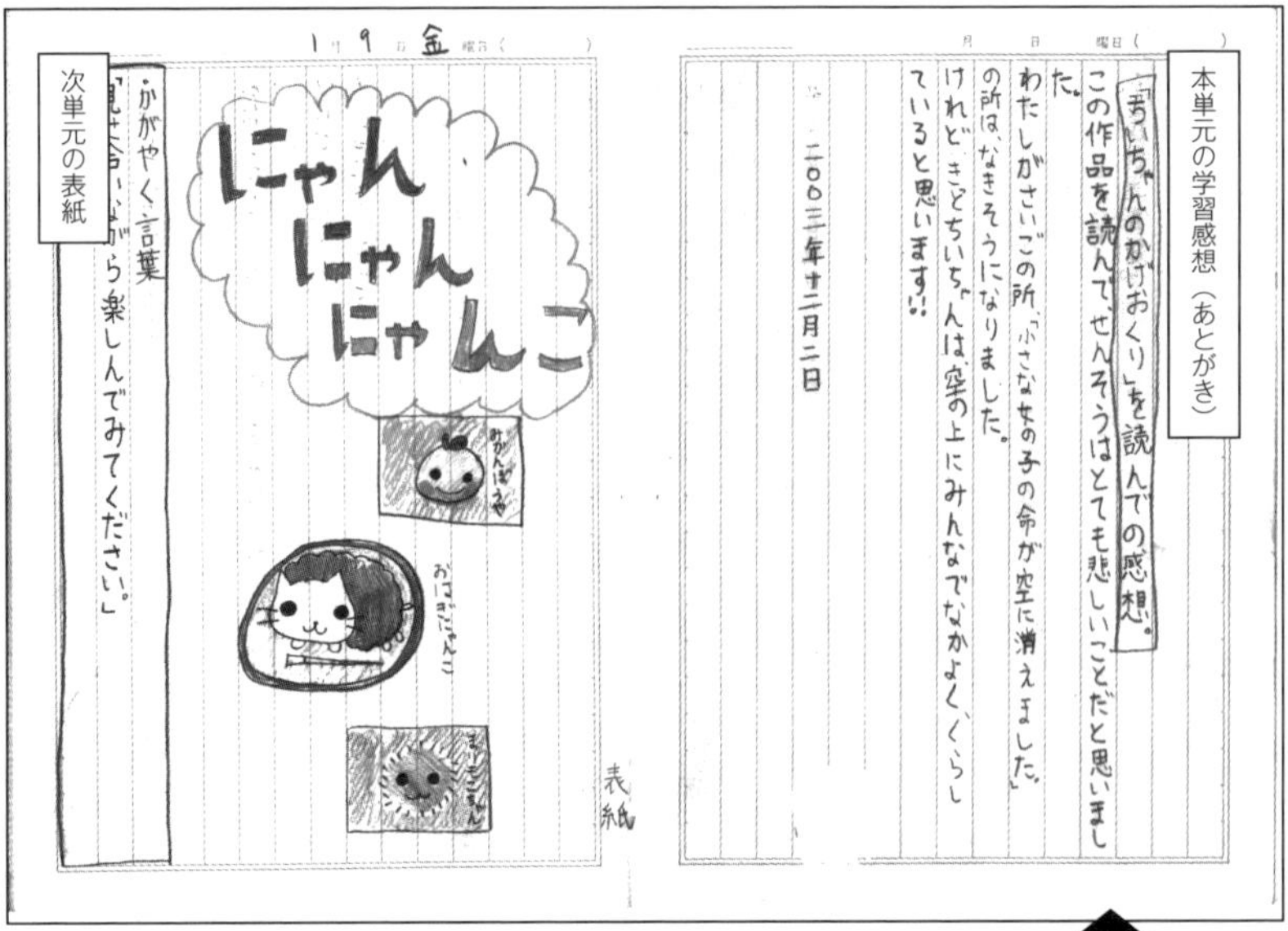


〈単元のあとがき〉
教材の感想，学習活動の感想，学習ノートづくりに関する感想などの視点を与える。時間的には，表紙づくりとともに行う。

第2章

# 学年別・文学教材の指導アイデア

# 教材別授業アイデアに関して

教材別授業アイデアに関しては、次の点に重点を置きました。

**1　読むこと・文学的文章教材に絞る**
**2　教材選定のポイント**
**3　言語活動のポイントが見える本時の活動**
**4　本時の最終活動の充実**

## ⑴　読むこと・文学的文章教材に絞る

国語科は、三領域で構成されます。その中でも難しい領域は、「読むこと・文学的文章教材」の指導だと考えました。「教材は違っても、登場人物の気持ちを読むこと」が文学的文章教材の指導だと言われることが多いからです。ここでは、多様な読み方を身に付けることができるようにするために、多様な言語活動を位置付けた実践例を紹介します。その際、目新しい言語活動を紹介するのではなく、指導事項に迫り、読書活動との関連を図るような活動を紹介しました。「教室で閉じない学び」を実現できる実践例を目指しました。

## (2) 教材選定のポイント

教材選定にあたっては、多くの教科書で採用されている作品、言語活動が他教材でも活用できる作品を選びました。「この教材だからこの言語活動」ではなく、この時期の児童に身に付けてほしい汎用的な言語活動が展開できる教材を選びました。「教材で閉じない学び」を実現できる作品選びを目指しました。

## (3) 言語活動のポイントが見える本時の活動

実践例では、言語活動のポイントを明示しました。大まかな展開は単元計画、重点的な指導は発問・指示で見る本時の活動で示しました。国語科の授業づくりでは、単元意識をもつことが大切です。単元全体と各時間の関係が明確になるようにしました。

## (4) 本時の最終活動の充実

一単位時間の最終活動を大切にしたいと思います。教師のまとめや形式的なふりかえりではなく、児童にとって意味のある活動を設定することが大切だからです。「授業の最後の五分間は、児童が自ら学ぶ時間にする」ことを目指しました。

# 1 「たぬきの糸車」の続きを考えよう

第一学年「たぬきの糸車」

**単元名** 「たぬきの糸車」の続きを考えよう

**教材名** 「たぬきの糸車」岸なみ（光村図書）

**活動時間** 全9時間

**指導目標** 登場人物の行動をもとに場面の様子を読み、想像を広げる

**【知識及び技能】**

（1）イ 音節と文字との関係、アクセントによる語の意味の違いなどに気付くとともに、姿勢や口形、発声や発音に注意して話すこと

（3）ア 昔話や神話・伝承などの読み聞かせを聞くなどして、我が国の伝統的な言語文化に親しむこと

**【思考力、判断力、表現力等】**

イ 場面の様子や登場人物の行動など、内容の大体を捉えること

エ 場面の様子に着目して、登場人物の行動を具体的に想像すること

オ 文章の内容と自分の体験とを結び付けて、感想をもつこと

カ 文章を読んで感じたことや分かったことを共有すること

**言語活動** 本文や話の流れを根拠に話の続きを書く

## (1) 活動のねらい

### ●読み取る観点を明確にする

文学的文章の学習においては、「登場人物の心情」に迫るために、場面ごとに読み進め、全体として「登場人物の心情のうつりかわり」を読み取る学習が行われます。その際、重要なのは、どのような観点から心情を読み取るかということです。そのためには、観点を明確にした読解が大切になります。

観点を明確にして読み取るためには、児童に対して、明確な「読みの視点」を提示した読解指導を行います。作品を解釈し、自分の考えをもつ読解において、読みの観点となる学習課題を明確にした読解指導が大切になります。

本活動では、読みの観点を「できごと」に置きました。「作品のできごと」から想像したことをもとに、登場人物の心情を読み取り、作品の続きを想像することを目指します。作品の続きを想像することは、児童にとって楽しく自分の考えを述べることができるとともに、作品を楽しむことにもつながります。

## (2) 単元計画（全9時間 ※本時）

### ❶ 指導計画

第一次　昔話の続きを楽しみながら想像する

第1時　いろいろな昔話の続きを想像し紹介し合う

第2時　「たぬきの糸車」の登場人物やあらすじをつかみ、一文でまとめる

第二次　「たぬきの糸車」を場面ごとに読み取る

第3時　きこりの夫婦が住んでいる山奥の様子を読み取る

第4時　糸を紡ぐ真似をするたぬきと、おかみさんの思いを読み取る

第5時　罠にかかったたぬきを逃がしたおかみさんの思いを読み取る

第6時　春になり、糸車を回すたぬきに気付いたおかみさんの思いを読み取る

第7時　踊りながら帰っていくたぬきの思いを読み取る

第三次　「たぬきの糸車」の続きを書く

※第8時　できごとや登場人物の思いを根拠に話の続きを書く

第9時　自分の書いた続き話を交流する

・四人グループやお店屋さん（ワークショップ）など、実態に応じて学習形態を工夫し、語り手

と読み手の時間を設定して語る。

## ❷ 指導上の留意点

### ○物語を一文でまとめる

登場人物やできごと、変わったことを簡潔にまとめるために、次のような文型でまとめます。

・「だれ」（登場人物）が「○○」（できごと）することで、「◇◇」（変容）した・なった話

（参考　白石範孝『白石範孝の国語授業の教科書』東洋館出版社）

### ○第二次では、場面ごとに読み取りを行う

場面ごとに読み取りを行う際、動作化しながら挿絵と本文を対応させることで、たぬきの行動やおかみさんの思いを考えさせるようにします。

### ○学校図書館や地域の図書館から本を借り児童がいつでも昔話を読める言語環境を整える

### ○児童の作品をまとめて、互いに見合ったり保護者会で紹介したりすることで児童の達成感につなげる

## (3) 発問・指示で見る本時（第8時）の活動

### ❶「たぬきの糸車」の続きを想像する

○物語の続きを想像することを明確にする

**発問1** この話の続きは、どうなるでしょうか。

**児　童** たぬきとおかみさんは仲良くなって、一緒に糸車で糸を紡ぐようになる。

**児　童** たぬきのおかげできこりの夫婦は、お金持ちになる。

### ❷ あらすじを明確にするために、できごとを整理する

○読みたい文を絞り込んでいく音読を三回行う

**指示1** 読みたいところを立って読みましょう。

**指示2** 好きなところを選んで読みましょう。

**指示3** いちばん読みたい一文を選んで読みましょう。

○挿絵と叙述を確かめながら並び替える

・黒板に拡大した挿絵をランダムに掲示する

・黒板に掲示した挿絵をできごと順に並べ替える

### ❸ 人物像を明確にするために、登場人物を整理する

**指示4** どんな、たぬきでしょうか。

**指示5** たぬきのことを、きこりとおかみさんは、どう思っているでしょうか。

### ❹ 物語の続きを想像するための観点を示す

**発問2** たぬきは、また、来るでしょうか。

**児　童** 来る。助けてもらったので、おかみさんのことは、忘れないから。

**児　童** 来ない。糸を山のように作って、もう満足したから。

**児　童** 来ない。おかみさんに姿を見られてしまったから。

### ❺ あらすじ、人物像、自分の立場をもとに続き話を書く

○書き終わった児童は、自由に友達と交流する

○書き足したり書き直したりしながら続き話を書き上げる

### ❻ 本時のふりかえり

本時は、授業の最後に「まとめ」や「ふりかえり」は設定しません。形式的に「まとめ」や「ふりかえり」の時間を設定するよりも、自分の作品を書き上げたり、友達と作品を読み合ったりするほうが充実した学習活動になるからです。

## (4) 活動のポイント

### ●観点を明確した発問

本単元では、児童の想像力を育むために、読み取ったことをもとに続きを考える活動を設定しました。その際、児童に提示する発問として、次の二つの発問を示しました。

発問1 この話の続きは、どうなるでしょうか。
発問2 たぬきは、また、来るでしょうか。

発問1は、児童の解答の仕方に自由度をもたせた導入の問いです。この発問では、児童がそれぞれ想像したことを交流することで、作品世界の広がりを楽しむことができます。児童の想像が多様過ぎることから個々の広がりの違いをつかむことが難しいこともありますが、続きを考える最初の段階とすることで楽しんで活動することができます。

発問2は、続きを考える際の観点を示した問いです。答える際には、まず、立場を明確にし、その根拠を答えることになります。

この発問では、立場や根拠を明確にした話し合い活動への発展が考えられます。学級全体での交流の中で、一つにまとめることは難しいですが、自分の立場や考えを明確にすることはできます。自分の立場が明確になると、続き話の結末を見通すことができます。そのため、児童は、自分の結論に向けて続き話を書き進めることができます。

「物語の続きは書いていないから、自分で自由に書いていいよ。」という発問は、実は無責任な発問です。続き話を楽しむためには、児童が書きやすくなるような過程にそった発問や指示を出していくことが大切になります。

# 2 第二学年「かさこじぞう」
# 語り手になろう

**単元名**　語り手になろう
**教材名**　「かさこじぞう」岩崎京子（各社）
**活動時間**　全10時間
**指導目標**　登場人物の行動を具体的に想像する

**【知識及び技能】**
（1）イ　音節と文字との関係、アクセントによる語の意味の違いなどに気付くとともに、姿勢や口形、発声や発音に注意して話すこと
（3）ア　昔話や神話・伝承などの読み聞かせを聞くなどして、我が国の伝統的な言語文化に親しむこと

**【思考力、判断力、表現力等】**
イ　場面の様子や登場人物の行動など、内容の大体を捉えること
エ　場面の様子に着目して、登場人物の行動を具体的に想像すること
オ　文章の内容と自分の体験とを結び付けて、感想をもつこと
カ　文章を読んで感じたことや分かったことを共有すること

**言語活動**　物語を語る

## (1) 活動のねらい

### ●昔話を語る

低学年の「読むこと」の指導事項では、内容の大体を捉え、具体的に想像することが示されています。また、【知識及び技能】の「我が国の言語文化」には、昔話の読み聞かせを聞くなどして言語文化に親しむことが示されています。

本活動は、「かさこじぞう」を「語る」活動を位置付けました。本活動の「語る」とは、音読、朗読、暗唱ではなく、物語の基本構造を押さえたうえで、自分なりの脚色を取り入れた表現活動としました。ここでは、作品のストーリーに着目させ、ストーリーから外れない範囲で児童の発想を生かして昔話を語る楽しさを味わわせます。

単元の導入時に、教師が脚色した「かさこじぞう」を語ることで、「語る」ことの楽しさを味わわせます。授業中では、児童自身が脚色を加えながら各場面を語ります。単元の最終活動では、学びを生かして自分の好きな昔話を語る活動を設定しました。

## (2) 単元計画（全10時間 ※本時）

### ❶ 指導計画

第一次 「語る」ことの楽しさを味わう

第1時 いろいろな昔話を聞く

※第2時 「かさこじぞう」の語りを聞く

第二次 「かさこじぞう」を場面ごとに語る

第3時 じいさまとばあさまの貧しい暮らしぶりを読み取り、自分の想像を加えて語る

第4時 町に笠を売りに行くが全く売れずに仕方なく帰るじいさまの様子を読み取り、自分の想像を加えて語る

第5時 吹きさらしの野原で、雪に埋もれている六人の地蔵様に売れ残りの笠と自分の手拭いをかぶせるじいさまの様子を読み取り、自分の想像を加えて語る

第6時 餅つきの真似をし、漬け菜をかみ、お湯を飲んで休むじいさまとばあさまの様子を読み取り、自分の想像を加えて語る

第7時 雪の中を地蔵様が正月の食べ物を届けに来て、良い正月を迎えられるじいさまとばあさまの様子を読み取り、自分の想像を加えて語る

第8時 「かさこじぞう」を、自分の想像を加えて語る

第三次　自分の好きな作品を選んで語る

第9時　自分の好きな作品を選んで、登場人物とあらすじを書く

・選書にあたっては、昔話を基本とする

・あらすじは、できごとを箇条書きで書くようにする

第10時　自分の選んだ作品を語り合う「お話を語る会」を開催する

・四人グループやお店屋さん（ワークショップ）など、実態に応じて学習形態を工夫し、語り手と聞き手の時間を設定して語る

## ❷ 指導上の留意点

○学校図書館や地域の図書館から本を借り児童がいつでも本を選べるような言語環境を整える

○「お話を語る会」を録画し、互いに見合ったり保護者会で紹介したりする

## (3) 発問・指示で見る本時(第2時)の活動

### ❶ 単元の最終活動として、自分の好きなお話を語る会を開くことを告げる

○教室に昔話を用意し、児童がいつでも読める環境を整える

### ❷ 登場人物や出来事を確かめる

**発問1** だれが出てきましたか。(登場人物)

**児童** じいさま(おじいさん)

**児童** ばあさま(おばあさん)

**児童** 地蔵様(六地蔵)

**発問2** どんなことが起きましたか。(できごと)

**児童** 笠を作る。

**児童** 町に笠を売りに行く。

**児童** 笠が売れなくて帰ってくる。

**児童** お地蔵様に笠や手拭いをかぶせる。

**児童** お地蔵様がお礼を持ってくる。

**児童** よい年越しになる。

### ❸ 範読を聞いた後に流れを確かめ、板書する

**発問3** 黒板に貼った絵は、お話の中のどこの場面でしょうか。

**指示1** 話の順番に絵を並べましょう。（あらすじ）

**児　童** 年越しのために笠を作る。

**児　童** 笠が売れない。

**児　童** お地蔵様に笠をかぶせる。

**児　童** さびしい年越し

**児　童** お地蔵様がお礼を持ってくる。

**児　童** よい年越しになる。

○留意点

・教科書の挿絵を印刷し、黒板に掲示する

### ❹ 教師が「かさこじぞう」を語る

○教科書を閉じさせ、教師が「かさこじぞう」を語る

**発問4** これから先生が「かさこじぞう」を語ります。先生がどんな工夫をしているか考えながら聞いてください。

○教科書の暗唱にならないように、脚色を施す

○その際、板書したあらすじを指しながら語るようにする

❺ 教師の語りの工夫を確かめ合う

発問5　先生は、どんなことを工夫していましたか。

児童　町の行き帰りにじいさまのつぶやきを入れていた。

児童　お地蔵様が帰っていく時に話していた。

児童　じいさまとばあさまが喜んでいる様子が詳しかった。

❻ 自分で脚色した「かさこじぞう」を二人組で語り合う

指示2　先生のように工夫してお話を語り合いましょう。

・黒板に貼った絵の順番を守って、あらすじから逸脱しないようにする

❼ 本時のふりかえり

○最終活動に向けて、自分のめあてをもつ

発問6　「お話を語る会」に向けて、勉強したいことは何ですか。

○学習方法について見通しをもたせる

## (4) 活動のポイント

### ●語ることを通して想像することを楽しむ

低学年は、話をつくることが好きです。同時に、話を聞いてもらうことも好きです。

本活動は、「物語の大体を読む」ことを、「あらすじを捉える」こととしました。それに加えて「想像したこと」を語ることで、より深い読みになると考えました。

### ●「語り」には、読み間違いはないことをしっかり伝える

低学年の児童が音読する際に最も気にするのが読み間違いです。読み間違いを必要以上に指摘されると萎縮してしまい、音読に対して拒絶反応を示すようなこともあります。「語る」とは、声に出して作品を楽しむことであることを周知させます。

# 3 低学年「お手紙」
# 「がまくんとかえるくん」クイズをつくろう

**単元名** 「がまくんとかえるくん」クイズをつくろう

**教材名** 「お手紙」アーノルド・ローベル作・絵　三木卓訳（教育出版1年・他社2年）
資料『ふたりはいつも』『ふたりはともだち』『ふたりはきょうも』

**活動時間** 全8時間

**指導目標** 言葉がもつよさを感じて、楽しんで読書をし、思いや考えを伝え合う

**【知識及び技能】**

（1）ア　言葉には、事物の内容を表す働きや、経験したことを伝える働きがあることに気付くこと

（3）エ　読書に親しみ、いろいろな本があることを知ること

**【思考力、判断力、表現力等】**

イ　場面の様子や登場人物の行動など、内容の大体を捉えること

エ　場面の様子に着目して、登場人物の行動を具体的に想像すること

オ　文章の内容と自分の体験とを結び付けて、感想をもつこと

カ　文章を読んで感じたことや分かったことを共有すること

**言語活動** 物語クイズをつくる

## (1) 活動のねらい

### ●文学的文章の初読で押さえたい基本要素

文学的文章の初読で押さえたい基本要素は、登場人物、時代・時期・時間、場所、できごと、登場人物の変容です。低学年では、「だれが」「何をした」を捉えることが物語の大体を読むことになります。

本活動では、初読後に押さえておきたいことに関するクイズを行います。文学的文章の基本要素を捉えるとともに、作品を楽しみながら読んでいこうとする意欲をもたせます。ここでは、「登場人物に関すること」、「登場人物の行動や会話文に関すること」、「物語の展開に関すること」、「叙述に関すること」の四観点を提示します。クイズづくりの観点に関しては、児童の実態に応じて変更してほしいと考えています。なお、最終活動では、『ふたり』シリーズから好きな作品を選び、その作品に関するクイズを出し合う活動を設定しました。

## (2) 単元計画(全8時間 ※本時)

### ❶ 指導計画

第一次 がまくんとかえるくんに興味をもつ
第1時 『ふたり』シリーズの読み聞かせを聞き、意欲をもつ
※第2時 「お手紙」の範読を聞き、クイズに答える

第二次 「お手紙」を読んで、内容を読み取り、クイズをつくる
第3時 がまくんの家の場面の内容を読み取り、クイズをつくる
第4時 かえるくんの手紙を待つ場面の内容を読み取り、クイズをつくる
第5時 がまくんの家の場面の内容を読み取り、クイズをつくる
第6時 「お手紙」のクイズを出し合う
・これまでつくったクイズを持ち寄り、四人グループでクイズを出し合う

第三次 『ふたり』シリーズのクイズをつくる
第7時 『ふたり』シリーズの中から好きな作品を選び、クイズをつくる
・同じ作品を選んだ場合は、相談してもよいことにする
第8時 『ふたり』シリーズのクイズを出し合う

・作品ごとにお店屋さん（ワークショップ）形式でクイズを出す

## ❷ 指導上の留意点

**○「お手紙」は、教科書会社で掲載学年が違う**

第一学年の場合は、「登場人物に関すること」、「登場人物の行動や会話文に関すること」の二観点を提示します。実態に応じた指導が大切です。

**○クイズづくりの四観点**

・登場人物の様子
・登場人物のしたことや言ったこと
・できごと
・気になった言葉

**○第3時～第5時では、ペアで場面ごとにつくったクイズを出し合う**

**○第7時で児童がつくったクイズは、一覧を作成し、第8時で配付したり、学級通信として保護者に解いてもらったりする**

## (3) 発問・指示で見る本時（第2時）の活動

### ❶ クイズを出すことを伝え、「お手紙」を範読する

### ❷ 教師がつくった「お手紙」クイズを出す

児童には教科書を見ながら答えてよいことを告げます。導入であることをふまえて、どれだけ聞けたかを問う必要はありません。教師も楽しんでほしいです。

**第1問** 『だれが出てきましたか』

登場人物を捉える問題です。作中人物のことを「登場人物」という学習用語で捉えるようにしたいものです。

**発問** 「お手紙」の登場人物は、だれですか。

**児童** かえるくん

**児童** がまくん

**児童** かたつむりくん

本文で出てきた箇所を確かめながら、登場人物を板書します。挿絵をもとにした登場人物のカードを掲示してもよいでしょう。

**第2問** 『物語の順に挿絵を並べよう』

物語の展開を捉える問題です。本作品は、五場面（大きく分けると三場面）で構成されています。各場面の象徴的な挿絵をカードにし、物語の進行順に並び替えさせます。物語の展開は時間や場所、できごとによって「場面」としてまとめられることを捉える活動です。

なお、次時では、五つの挿絵と本文との関係を捉えていくようにします。

**第3問**『だれが言ったのかな』

登場人物の行動（会話文）を捉える問題です。

**発問**「だって、ぼく、お手紙もらったことがないんだもの」は、だれが言いましたか。

**児童**がまくん（がまがえるくん）

各場面で児童に考えさせたい大事な会話文を短冊にし、一つずつだれの会話文なのかを考えさせます。その際、教科書の会話文にだれが言ったかを書き込ませてもいいでしょう。なお、この短冊は、次時以降の読解学習に活用します。

**第4問**『読み間違えはどこ』

叙述に着目させる問題です。作中の叙述をわざと間違えて範読する活動です。着目させたい叙述を意図的に間違えて音読します。児童は、間違い探しのために語や文に集中します。分量としては、各場面一つが適当です。

**読書へ誘う問題**『かえるくんの服は、どんな服』

読書活動へ興味・関心をもたせる問題です。

**発問** かえるくんの服は、どんな服ですか。

**児童** ボタンがいっぱいついている。

**指示** どうしてボタンがいっぱいついているのでしょうか。答えは、『ふたり』シリーズのある作品の中にあります。探してみましょう。

児童が見つけてくるまで解答は保留します。

## ❸ 本時のふりかえり

### ○次の三点でふりかえりを行う

①どのクイズが楽しかったですか
②どのクイズに答えられましたか
③自分がクイズを出すとしたらどんなクイズを出したいですか

①では、興味・関心をふりかえります。
②では、初読段階での理解度をふりかえります。
③では、最終活動へ向けて自分の取り組み方を書かせます。
①②は、記号に丸を付けさせることで児童の負担を軽減できます。

## (4) 活動のポイント

### ●クイズ形式の導入

初読後に感想を発表させるだけでなく、読解の基本的な要素をクイズ形式で提示することで作品理解が深まります。

クイズを通して、叙述に着目させることができます。

「お手紙」は、読書活動へ発展できる作品です。読んだ本を紹介する活動としてクイズを取り入れることで紹介活動の方法も身に付けることになります。

読書へ誘う問題の正解は、『ふたりはともだち』の「なくしたボタン」です。「お手紙」の二つ前のできごとです。

### ●クイズの参考文献

M・M・サルト『読書へのアニマシオン75の作戦』柏書房

# 4 人物相関図をつくろう

第三学年「わすれられないおくりもの」

**単元名** 人物相関図をつくろう

**教材名** 「わすれられないおくりもの」スーザン・バーレイ文・絵　小川仁央訳（教育出版）
資料『アナグマのもちよりパーティ』『アナグマさんはごきげんななめ』

**活動時間** 全8時間

**指導目標** 登場人物の関係をもとに、登場人物の心の動きを考えながら読む

**【知識及び技能】**

（1）ア　言葉には、考えたことや知ったことを表す働きがあることに気付くこと
（2）ア　考えとそれを支える理由や事例、全体と中心など情報と情報との関係について理解すること
イ　比較や分類の仕方、必要な語句などの書き留め方、引用の仕方や出典の示し方、辞書や事典の使い方を理解し使うこと
（3）オ　幅広く読書に親しみ、読書が、必要な知識や情報を得ることに役立つことに気付くこと

**【思考力、判断力、表現力等】**

イ　登場人物の行動や気持ちなどについて、叙述を基に捉えること
エ　登場人物の気持ちの変化や性格、情景について、場面の移り変わりと結び付けて具体的に想像すること
オ　文章を読んで理解したことに基づいて、感想や考えをもつこと
カ　文章を読んで感じたことや考えたことを共有し、一人一人の感じ方などに違いがあることに気付くこと

**言語活動** 人物相関図をつくる

## (1) 活動のねらい

### ●情報を整理しながら読む

新学習指導要領に新しく位置付けられた学習内容に「情報の扱いに関する事項」があります。国語科における情報の扱いの必要性について『小学校学習指導要領解説国語編』では、次の二点を示しています。

・話や文章に含まれている情報を取り出して整理したり、その関係を捉えたりすることが、話や文章を正確に理解することにつなが（るため）
・自分のもつ情報を整理して、その関係を分かりやすく明確にすることが、話や文章で適切に表現することにつながるため

これらは、国語科における「情報の扱い」は、「内容理解」と「自分の考えの表現」のためであると、捉えることができます。

本教材「わすれられないおくりもの」は、あなぐまを中心に、あなぐまとかかわりのあった登場人物が描かれています。それぞれの登場人物は、あなぐまからそれぞれに合った具体的な贈り物とみんなに共通する普遍的な贈り物をもらいます。まず、具体的な贈り物を整理することで、あなぐまと他の登場人物の関係について読み取ります。その後、共通する普遍的な贈り物を考えることで作品の理解が深まります。

そのための活動として、「人物相関図」をつくります。「人物相関図」とは、話や文章に含まれる情報の扱い

◇児童の作品例

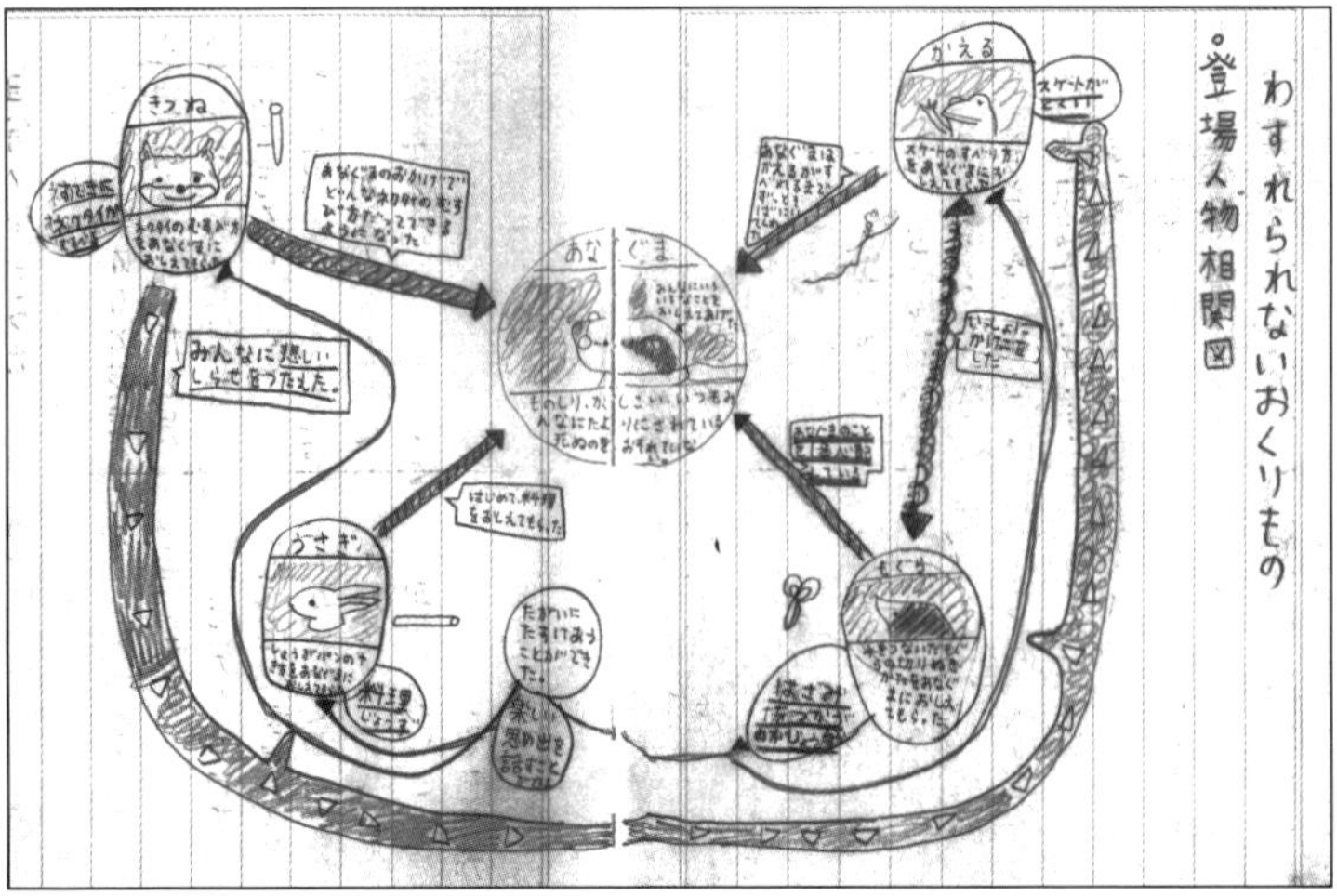


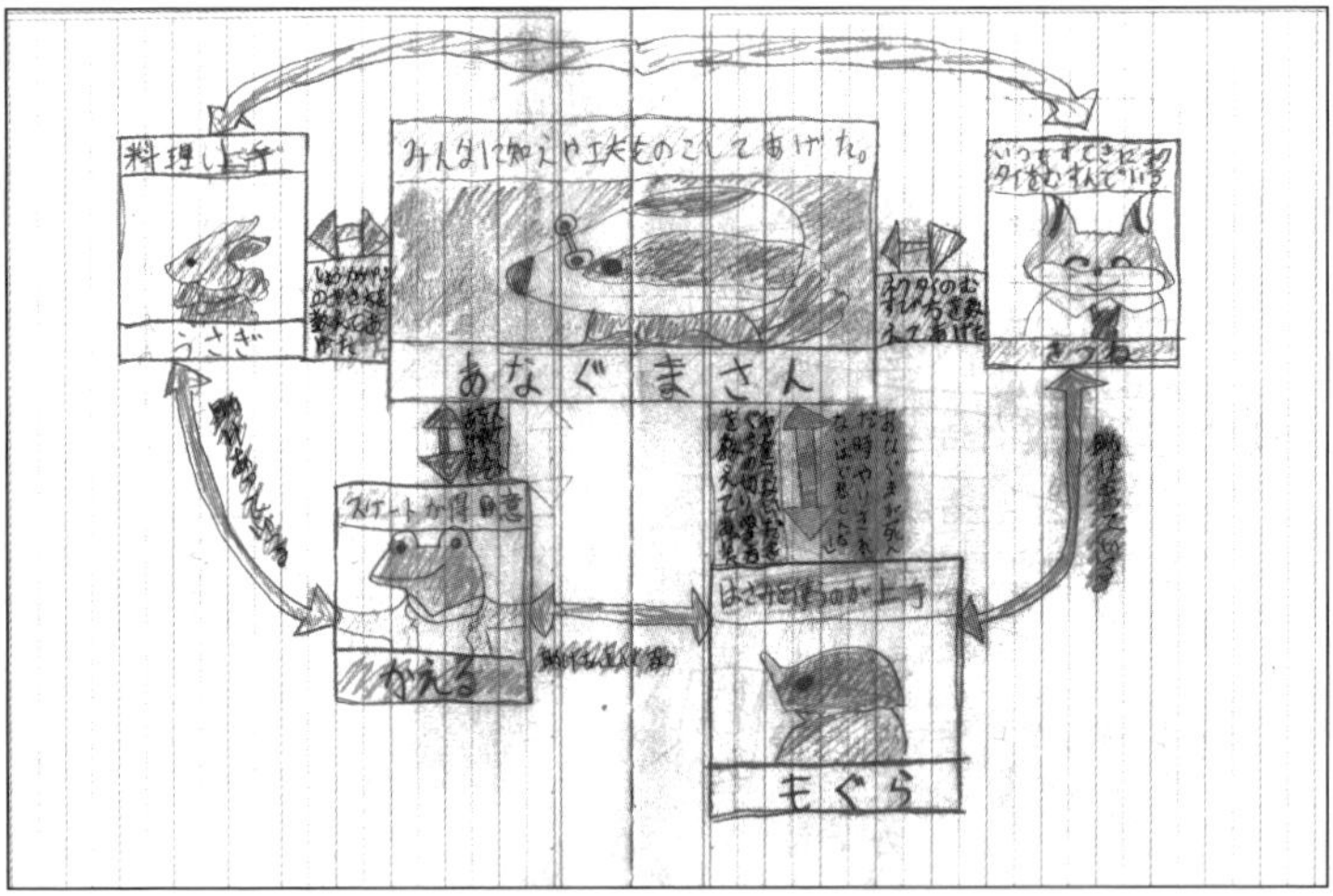


方の一方法として登場人物の関係を図式化したものです。登場人物の関係を、配置や関係の方向性を考えながら図式化することで、人物の関係や作品構成が明確になります。

　文字情報を関係付け整理し、図式化することは、論理的な思考力の育成になります。文学的な文章であっても、筋道を考えながら読む力を育成することは、大切なことです。

## (2) 単元計画（全8時間 ※本時）

### ❶ 指導計画

第一次 『あなぐまさん』シリーズに興味をもち、はじめの考えをもつ

第1時 『あなぐまさん』シリーズの読み聞かせを聞き、興味をもつ

第2時 あなぐまさんが残した「わすれられないおくりもの」について、はじめの考えをもつ

第二次 「わすれられないおくりもの」の人物相関図をつくる

第3時 人物相関図の意味を知る

・登場人物を整理する

第4時 登場人物それぞれのあなぐまとの思い出を読み取る

※第5時 人物相関図をつくる

第6時 人物相関図を交流する

・発表者がまとめの感想を伝える

第三次 作品を読み深める

第7時 あなぐまさんが残した「わすれられないおくりもの」について、最終的な考えをもつ

第8時 単元の学習活動をふりかえる

・「人物相関図」で学習したこと（学び方）についてふりかえる

## ❷ 指導上の留意点

第二次で留意すべき点を紹介します。

### ○人物相関図づくりの四観点

・登場人物とあなぐまさんの思い出
・あなぐまさんとの関係からわかる登場人物の人物像
・中心人物と登場人物の配置
・中心人物と登場人物の関係を言葉や記号で示す

### ○ノートの見開きを使って図式化する

### ○交流方法

・自分の人物相関図を説明する
・質問に答える
・友達の人物相関図で良かった点や工夫した点、自分のものとの相違点を伝える

### (3) 発問・指示で見る本時（第5時）の活動

❶ 教師が作成した「わにのおじいさんのたからもの」人物相関図を示し、本時は、「わすれられないおくりもの」人物相関図を作成することを伝える

❷ 人物相関図の作成の四観点や作成の手順を示す

**指示1** 学習ノートをふりかえり、登場人物の人物像や関係を確認しましょう。

・手順は、模造紙に書いておき、黒板に掲示する

❸ 「わすれられないおくりもの」の全文を音読する

**指示2** 一斉音読しましょう。

**指示3** 印象に残った部分を選んで音読しましょう。

❹ 思考を深める発問をし、より深い読み取りを行う

**思考を深める発問1** 中心人物は、だれですか。

**指示4** 人物相関図は、人物の関係を図に表したものです。学習ノートの中央に位置付ける登場人物が中心人物となるようにしましょう。

**思考を深める発問2**　中心人物の次に大切な人物は、だれですか。

「わすれられないおくりもの」のもう一人の中心人物について考えるようにうながします。あなぐま以外の登場人物で最も描写が多く、他の登場人物の心情を代弁している登場人物は、「もぐら」です。最後に「ありがとうあなぐまさん。」と言った「もぐら」の心情を押さえます。

もぐらの役割を捉え、あなぐまとの関係の深さを図式化することで、読みが深まったことを実感できるようになります。

この発問の伏線として、第1時の『あなぐまさん』シリーズの読み聞かせを位置付けます。「わすれられないおくりもの」の続きである二作品は、生前のあなぐまともぐらの交流を中心に描かれています。また、「わすれられないおくりもの」の『なかでも、もぐらは、やりきれないほど悲しくなりました。』の叙述に着目させます。この叙述と第1時の読み聞かせを関連付けることで、あなぐまともぐらの関係の深さに気付き、もぐらは、中心人物と同じくらい大切な登場人物であることを読み取ることになります。

## ❺ 人物相関図をつくる

## ❻ 本時のふりかえり

本時は、ふりかえり活動は行いません。人物相関図をつくり上げることが重要となります。

## (4) 活動のポイント

### ●思考ツールの活用

情報を意識した学習を展開するためには、情報の取り出し方と情報の整理の仕方を明確にすることが大切です。

情報の取り出し方には、課題の把握、課題にそった情報の選択、選択した情報の抽出の仕方を提示する必要があります。サイドラインを引く方法や書き出し・書き抜きなどが情報の取り出し方になります。

情報の整理の仕方には、文字言語での整理方法と本活動のような図式化があります。文字言語での整理の仕方には、箇条書きや小見出しなどがあります。図式化には、表や図、絵など文字言語と一体化した視覚的な整理の仕方があります。

思考ツールは、「書くこと」の学習でも活用されています。思考ツールを活用することで、児童は、自分の考えを整理しやすくなります。思考ツールの活用には、教師が様々な思考ツールを用意しておくことが大切になります。

# 5 読書散歩『車のいろは空のいろ』の世界を散策しよう

**第四学年「白いぼうし」**

**単元名**　読書散歩『車のいろは空のいろ』の世界を散策しよう

**教材名**　「白いぼうし」あまんきみこ（各社）
資料『春のお客さん』『星のタクシー』『車のいろは空のいろ』シリーズ

**活動時間**　全8時間

**指導目標**　言葉がもつよさを感じて、楽しんで読書をし、思いや考えを伝え合う

**【知識及び技能】**

（1）ア　言葉には、考えたことや思ったことを表す働きがあることに気付くこと

（3）オ　幅広く読書に親しみ、読書が、必要な知識や情報を得ることに役立つことに気付くこと

**【思考力、判断力、表現力等】**

イ　登場人物の行動や気持ちなどについて、叙述を基に捉えること

エ　登場人物の気持ちの変化や性格、情景について、場面の移り変わりと結び付けて具体的に想像すること

オ　文章を読んで理解したことに基づいて、感想や考えをもつこと

カ　文章を読んで感じたことや考えたことを共有し、一人一人の感じ方などに違いがあることに気付くこと

**言語活動**　叙述をもとに作品世界の絵地図をつくる

## (1) 活動のねらい

### ●作品世界を散策する

物語を読むことの究極の目的は、読書人の育成です。小学校では、物語を読むことを通して、作品世界を楽しんだり読書の幅を広げたりすることが重要です。

新学習指導要領の「我が国の言語文化に関する事項」にも「読書」が位置付けられているように、教材を読解するだけでなく、読書指導との関連を図ることが大切です。

つまり、「学びを教材で閉じない。学びを教室で閉じない」指導が求められているのです。

本活動では、主教材「白いぼうし」の読解指導と並行して、『車のいろは空のいろ』シリーズを読み、登場人物の人柄を考えていきます。シリーズ本の見返しには、作品世界の地図が掲載されています。この地図をもとに、タクシー運転手の松井さんの行動を読み取ることを通して、松井さんの街を一緒に散策することができます。

主教材「白いぼうし」をきっかけに、松井さんと共に作品世界をタクシーで巡り、その中で、様々な登場人物と交流したり、ふしぎな体験を共有したりする読書散策活動を設定しました。その際、自分が読んだ作品を地図上に記し、読書活動の足跡として視覚化したものを「読書散策図」と位置付けました。

## (2) 単元計画（全8時間 ※本時）

### ❶ 指導計画

第一次 『車のいろは空のいろ』シリーズに興味をもつ
※第1時 「読書散歩」の活動の見通しをもつ
第2時 「白いぼうし」の範読を聞き、登場人物や作品の設定をつかむ

第二次 「白いぼうし」を読んで、登場人物の人柄を読み取る
第3時 あらすじと登場人物を整理する
・登場人物、場所、時（時代・季節等）、できごとを整理する
・ペープサートで出発地点を確かめる
第4時 松井さんと紳士の会話をもとに、松井さんの人柄を読み取る
第5時 白いぼうしとの出逢いの様子をもとに、松井さんの人柄を読み取る
第6時 女の子との出会いや会話をもとに、松井さんの人柄を読み取る
第7時 女の子がいなくなり、ちょうが野原を飛んでいる場面の松井さんの人柄を読み取る

第三次 松井さんの人柄について考えたことを松井さん紹介カードに書いて交流する
第8時 松井さんの人柄について考えたことを松井さん紹介カードに書いて交流する

## ❷ 指導上の留意点

### ○第二次の各時間のはじめに、現在地紹介の時間を設定する

並行読書は、児童の主体的な活動に任されることとなります。児童の活動状況を確かめるために授業のはじめに絵地図を使って自分は地図上のどこにいて、どんな作品を読んでいるかを紹介し合う時間を設定します。なお、並行読書が進まない児童への対応として、この時間に教師が作品紹介（読み聞かせ）を行い、どの児童も主教材以外の作品にふれるようにします。

### ○登場人物の人柄を深める

第三次では、第二次の学習のまとめとして、松井さんの人柄をまとめます。その際、学習場面から考えた人柄だけでなく、自分が読んだ作品から考えたことも書きます。

松井さんは、○○だと思います。
この場面では、□□したり、△△と言ったりしたからです。
私の読んだ作品では、●●していました。
このことから、松井さんは、○○だと思いました。

○登場人物の人柄を読み取る

読書散策を通して培いたい力の一つに、登場人物を多面的に捉える力があります。一作品では気付かなかった登場人物の人柄を複数作品から深めていくことが大切です。

国語の授業では、一つの作中の登場人物について、友達と意見交換をしながら一人一人の思いや考えの違いに気付き、自分の考えを広げたり深めたりしていきます。ここでは、さらに同じ人物が登場する作品を読み比べていきます。そのことで作品ごとのできごとのおもしろさだけでなく、作品を貫く登場人物である松井さんの人柄を深く読み取ることになります。

## (3) 発問・指示で見る本時（第1時）の活動

### ❶『車のいろは空のいろ』の地図を拡大したものを掲示する

**発問1** これは、ある町の地図です。どんなものがあるでしょうか。

**児童** シャボン玉の森

**児童** 月まち丘

**児童** 「熊野熊吉」ってなんだろう。

・児童を作品世界へ誘う

### ❷『車のいろは空のいろ』シリーズの単行本を見せ、見返しの地図であることを知らせる

三冊とも見返しに同じ地図があることを確かめます。

### ❸『車のいろは空のいろ　白いぼうし』の目次を紹介し、教科書教材の「白いぼうし」が載っていることを確かめる

**指示** 作品名と地図の場所を確かめましょう。

・本に掲載された作品一覧を配付し、作品の場所を探していくことを伝える

**児童** 「すずかけ通り三丁目」は、地図の「スズカケ」の近くの道かな。

**児童** 「シャボン玉の森」は、シャボン玉の森でのできごとかな。

**児童** 「白いぼうし」は、どこだろう。

・授業と並行して、『車のいろは空のいろ』シリーズを読むことで、松井さんと一緒に作品世界を楽しんで読み進めるようにする

### ❹「白いぼうし」の範読を聞く

### ❺空色のタクシー型のペープサートを使って、「白いぼうし」に出てきた場所を確かめる

**発問2** 『白いぼうし』の中で場所がわかるところはどこでしょうか。

**児童** 「なの花よこ町」と「なの花橋」

**児童** 「小さな団地」

**児童** 「大通り」ってどこかな。

・わかる範囲で松井さんの場所を確かめる

## ❻ 本時のふりかえり

### ○次の二点でふりかえりを行う

①松井さんはどんな人だと思いましたか
②『車のいろは空のいろ』シリーズで、読んでみたい作品は何ですか

①では、初読後の登場人物の人柄を整理します。学びを深めるための出発点の確認です。
②では、読書活動への関心意欲を喚起します。

**○拡大した地図に児童名の入った空色のタクシー型の紙を教室に掲示**

教師だけでなく、児童も、だれがどの作品を読んでいるか、どこを散策しているかがわかるようにします。

## (4) 活動のポイント

### ●作品世界を視覚化する

読解では、登場人物、場所、時間（時代・季節等）、できごとの設定を押さえながら読むことが大切です。本来、作品世界の視覚化は、文字で表現することですが、児童が理解したり、表現したりする際の手だてとして、図式化し、共有し合うことで、確かで深い読解力を育成することができます。

導入時に、児童に地図と空色のタクシー型の紙を配付し、並行読書をしながら読書散策をしようという学習の見通しをもたせます。

# 6 第四学年「ごんぎつね」

## 「わたしのごん」～自分が想像した挿絵を選ぼう

**単元名** 「わたしのごん」～自分が想像した挿絵を選ぼう

**教材名** 「ごんぎつね」新美南吉（各社）

**活動時間** 全10時間

**指導目標** 言葉がもつよさを感じて、楽しんで読書をし、思いや考えを伝え合う

**【知識及び技能】**

（1）ア　言葉には、考えたことや思ったことを表す働きがあることに気付くこと

（3）オ　幅広く読書に親しみ、読書が、必要な知識や情報を得ることに役立つことに気付くこと

**【思考力、判断力、表現力等】**

イ　登場人物の行動や気持ちなどについて、叙述を基に捉えること

エ　登場人物の気持ちの変化や性格、情景について、場面の移り変わりと結び付けて具体的に想像すること

オ　文章を読んで理解したことに基づいて、感想や考えをもつこと

カ　文章を読んで感じたことや考えたことを共有し、一人一人の感じ方などに違いがあることに気付くこと

**言語活動** 自分が思い描いた登場人物に合う挿絵を選ぶ

## (1) 活動のねらい

### ●「ごんぎつね」の挿絵

「ごんぎつね」は、一九五六年に採用されて以降、現在では第四学年の教科書すべてに採用されています。公共の図書館には、単行本や文庫、絵本など十数種類の本も蔵書されている名作です。もともとは、童話として書かれた作品です。そのため、挿絵にでてくる「ごん」の姿は、出版物によって様々です。出版物に描かれた「ごん」は、挿絵を描いた画家が解釈した「ごん」の姿になります。

本活動では、画家の解釈によって描かれた「ごん」の中から、自分の想像した「ごん」とピッタリの挿絵を選び、どうしてその挿絵を選んだのかを共有することで登場人物の人物像に迫る活動と位置付けました。

## (2) 単元計画(全10時間 ※本時)

### ❶ 指導計画

第一次 「ごんぎつね」を読み、登場人物の人物像をもつ

第1時 「ごんぎつね」の範読を聞き、場面、登場人物、主なできごと、結末を整理する

・挿絵のない本文を範読する

・この段階では、初発の感想を書く必要はない。作品世界をできるだけ正確に押さえるようにする

※第2時 様々な挿絵の中から、自分が想像した「ごん」を選ぶ

〈参考〉挿絵を描いている画家（敬称略）

・教科書

かすや昌宏（光村図書・あすなろ書房絵本）

牧野千穂（教育出版）

黒井健（東京書籍・偕成社絵本）

松永禎郎（学校図書）

長野ヒデ子（三省堂）

・単行本

宮田奈穂（岩波少年文庫）

小沢良吉（岩崎書店）　など

・絵本

いもとようこ（金の星社）

蓑田源二郎（ポプラ社）　など

**第二次**　「ごんぎつね」を読んで、登場人物の人物像を読み取る

**第3時**　第1場面から、ごんの境遇を読み取り、自分が想像した「ごん」の挿絵を選ぶ

**第4時**　第2場面から、ごんの後悔を読み取り、自分が想像した「ごん」の挿絵を選ぶ

**第5時** 第3場面から、償いを始めたごんの心情を読み取り、自分が想像した「ごん」の挿絵を選ぶ
**第6時** 第4・5場面から、兵十と加助の話を聞いたごんの心情を読み取り、自分が想像した「ごん」の挿絵を選ぶ
**第7時** 第6場面から、前日の心情を胸に栗を持って行くが、兵十に撃たれたごんの心情を読み取り、自分が想像した「ごん」の挿絵を選ぶ

**第三次** 挿絵をもとに「わたしのごん」カードを作成し、交流する
**第8時** 挿絵をもとに「わたしのごん」カードを作成する
**第9時** 「わたしのごん」カードを交流する
**第10時** 登場人物についてのまとめと単元の学習活動をふりかえる

**○まとめとふりかえりの観点**
①「ごん」について考えたこと
◇学習内容に対するまとめ
②文と挿絵の関係について考えたこと
◇学習方法に対するふりかえり

## ❷ 指導上の留意点

第二次の展開では場面ごとに、できごととごんの心情の読み取りを行います。授業の最後に、挿絵を選び、交流する活動を行います。その際、選んだ理由を記入します。選んだ理由が児童の解釈となります。

交流の形態としては、教室に挿絵を掲示したコーナーを設定します。同じ挿絵、違う挿絵と二回の交流を行います。

児童が選ぶ挿絵は、毎回変わることも考えられます。その際は、前後との関係を考えさせながら変わった理由もあわせて書かせます。

## (3) 発問・指示で見る本時（第2時）の活動

### ❶ 活動の準備

本活動は、初読後に自分が想像した「ごん」を様々な挿絵から選ぶ活動です。そのため、本活動に入る前に次のような準備をします。

**○挿絵のない本文を用意する**

登場人物を想像することはその姿を想像することから始まります。初読の段階で挿絵によるイメージの限定を避けるために、叙述のみの本文と出合わせます。

**○「ごんぎつね」の挿絵を用意する**

使用している教科書の他に、他社の教科書の挿絵や学校図書館や公共図書館から挿絵を用意します。その中から、五点ほどを教師が選んでおきます。

### ❷ 活動の概要

**○挿絵のない本文を配付する**

○教師の範読を聞く

**指示1** 「ごんぎつね」に登場する「ごん」は、どんなキツネか。「ごん」の姿を想像しながら聞きましょう。

**指示2** 自分が想像した「ごん」の姿とピッタリの挿絵を選びましょう。その理由も書きましょう。

・範読後、用意した挿絵を提示して、自分が想像した「ごん」の姿とピッタリの挿絵を選ばせる。ピッタリの挿絵がない場合は、近いものを選ばせる
・理由の書き方としては、「ここがピッタリ」とテーマを与え、叙述や挿絵から考えたことを書くように助言する

**指示3** 単元の最後に、自分の想像した「ごん」とピッタリの挿絵を選びます。

・単元の最後に自分の想像した「ごん」とピッタリの挿絵を選ぶことを伝える。本時はあくまでもこの時点でピッタリの挿絵を選ぶことを確認する

## ❸ 想像のもととなった叙述を手掛かりに、選んだ理由を書き、交流する

○交流活動の流れ

・教室に挿絵を掲示したコーナーを設定する
①同じ挿絵を選んだ者同士での交流を五分間行う
②違う挿絵を選んだ友達と交流を五分間行う
・違う挿絵を交流する観点としては、決める際に迷ったり、悩んだりした挿絵の所に行くように助言する

## ❹ 本時のまとめ

○次の観点から、まとめを行う

> ○「ごん」は、どんなキツネだと思いますか
> ◇登場人物の人物像に対する自分の考えをまとめる

### (4) 活動のポイント

●想像したことをより明確にするために、挿絵を活用する

読者は、叙述をもとに登場人物を想像し、自分なりの登場人物を創造します。小学校段階では、生活経験や読書経験が大人ほど豊富ではありません。大人が想像できるようなことも、児童にとっては想像しづらいことが多々あります。そのため、学校現場では実物や写真、絵、動画などを提示し、児童が作品世界を思い描きやすくなるようにしています。物語に描かれている挿絵も児童の想像を膨らませるための一助です。ただし、文と挿絵が違う作品には、作者と画家との間に解釈に違いがある場合があります。この違いを意識させることも本の読み方の一つとして身に付けさせたいものです。

本活動では、挿絵を活用しました。児童に絵を描かせることにしなかったのは、読解を大切にしたいからです。見栄えや画力ではなく、読む力を大切にしたいからです。挿絵は、読んだことを表現する一つの手段として活用しました。

# 7 情景描写から読みを深める

## 第五学年「大造じいさんとガン」

**単元名** 情景描写から読みを深める

**教材名** 「大造じいさんとガン」椋鳩十（各社）

**活動時間** 全7時間

**指導目標** 登場人物の相互関係や心情、場面についての描写を捉え、優れた叙述について自分の考えをまとめる

**【知識及び技能】**

（1）オ 思考に関わる語句の量を増し、話や文章の中で使うとともに、語句と語句との関係、語句の構成や変化について理解し、語彙を豊かにすること。また、語感や言葉の使い方に対する感覚を意識して、語や語句を使うこと

ク 比喩や反復などの表現の工夫に気付くこと

（3）ア 親しみやすい古文や漢文、近代以降の文語調の文章を音読するなどして、言葉の響きやリズムに親しむこと

**【思考力、判断力、表現力等】**

イ 登場人物の相互関係や心情などについて、描写を基に捉えること

エ 人物像や物語などの全体像を具体的に想像したり、表現の効果を考えたりすること

オ 文章を読んで理解したことに基づいて、自分の考えをまとめること

カ 文章を読んでまとめた意見や感想を共有し、自分の考えを広げること

**言語活動** 情景描写に焦点を当てた登場人物の心情を読み取る

## (1) 活動のねらい

### ●情景描写に着目する

高学年では、優れた表現を読むことが求められます。「大造じいさんとガン」では、随所に描かれた情景描写がそれにあたります。

本単元では、優れた情景描写に焦点を当てた読みを進めます。このことは、深い読みをもつことにつながります。

本活動では、第4時に作中の情景描写を取り上げ、その効果について考えるようにします。

情景描写は、単に「もの・こと」の様子や景色を描写したものではありません。描かれた「もの・こと」を言葉で描くことで、登場人物の心情を表したものです。児童が、このことを理解しないまま読み進めると情景は単なる景色の描写でしかなくなります。

例えば、第三場面の次の情景描写では、どうでしょうか。

> さあ、いよいよ戦闘開始だ。
> 東の空が真っ赤に燃えて、朝が来ました。
>
> (『国語五』光村図書 平成27年度版)

傍線部分を叙述に即して正確に読むと、「朝焼けが美しい空」になります。しかし、ここでは、直前の「いよいよ戦闘開始だ」と合わせて、登場人物の高ぶる心情を読み取ることが大切になります。

情景描写を読み取ることは、叙述に即して正確に読むだけなく、情景描写の中に込められた登場人物の心情を深く考え、自分の読みをもつことが大切になります。

## ●本活動の活用

本活動は、情景描写に焦点を当てた実践例として「大造じいさんとガン」を用いました。高学年の作品には、情景描写の優れた作品が多数掲載されています。本活動を生かして読みたい教科書教材を紹介します。

・宮沢賢治「雪わたり」（教育出版5年）
　「注文の多い料理店」（東京書籍・学校図書5年）
・杉みき子「わらぐつの中の神様」（光村図書5年）
・安房直子「きつねの窓」（教育出版・学校図書6年）

## (2) 単元計画（全7時間　※本時）

### ❶ 指導計画

第一次「大造じいさんとガン」を正確に読む
・この段階では、初発の感想を書く必要はない。作品世界をできるだけ正確に押さえるようにする
第1時「大造じいさんとガン」の範読を聞き、登場人物、場面、主なできごと、結末を表に整理する
・場面ごとにできごとと結末を整理する

**第2時**　整理した表をもとに「残雪」に対する「大造じいさん」の見方や心情を書き加える
・場面ごとに書き加える

**第二次**　情景描写から読みを深める

**第3時**　印象に残った表現について交流する
・情景描写にこだわることなく、心に残った文を選ぶ

**※第4時**　情景描写の意味を知り、作中の情景描写を確かめる
・情景描写に着目しながら、登場人物の心情を深く読むことを伝える

**第5時**　最も心に残った情景描写を選び、登場人物の心情についてまとめる
・最も印象に残った情景描写を選ぶ
・選んだ情景描写について解説文を書く
・解説文の基本文型

| |
|---|
| この描写は、〇〇の様子を表したものです。<br>この描写には、大造じいさんの□□を表しています。<br>このことから、わたしは、△△と考えました。<br>あなた（友達）は、どう思いますか。 |

第三次　最も心に残った情景描写を交流する

第6時　最も心に残った情景描写を交流する

第7時　登場人物についてのまとめと単元の学習活動をふりかえる

**○まとめとふりかえりの観点**

①「大造じいさん」について考えたこと

◇学習内容に対するまとめ

②作者の表現について考えたこと

◇学習方法に対するふりかえり

## (3) 発問・指示で見る本時(第4時)の活動

### ❶ 本文の情景描写を一つ提示する

東の空が真っ赤に燃えて、朝が来ました。

(『国語五』光村図書 平成27年度版)

**発問1** この文は、どんな様子を表していますか。

**児童** きれいな朝の空の様子

**児童** 朝日で空が赤くなっている様子

**発問2** この文は、自分の経験から考えると、どんな気持ちを表していますか。

**児童** がんばるぞという気持ち

**児童** 何か始めようという気持ち

### ❷ 情景描写の意味を伝える

**指示** 情景描写とは、前後の文章と合わせて読むことで、登場人物の気持ちを想像することができる表現方法です。

・情景描写の説明は、カード化し、掲示することで、児童がいつでも見ることができるようにする

## ❸ 他の情景描写を掲示し、範読を聞きながら本文にサイドラインを引く

**発問3** 黒板に貼った文は、第三場面の情景描写でした。他には、どのような情景描写がありましたか。サイドラインを引いて、その文がどんな気持ちを表しているか考えましょう。

**〈主な情景描写〉**

第一場面
・秋の日が、美しくかがやいていました。
第二場面
・あかつきの光が、小屋の中にすがすがしく流れこんできました。
第三場面
・青くすんだ空
・美しい朝の空
・白い羽毛があかつきの空に光って散りました。
・羽が、白い花弁のように、すんだ空に飛び散りました。
第四場面
・ある晴れた春の朝でした。
・らんまんとさいたスモモの花が、その羽にふれて、雪のように清らかに、はらはらと散りました。

（『国語五』光村図書　平成27年度版）

❹ 本文中の情景描写を確かめながら、児童の考えを交流する

❺ 本時のまとめ

○次の観点から、まとめを行う

○好きな情景描写を一つ選び、選んだ理由を書く
◇次時につながる学習活動

### (4) 活動のポイント

●指導事項を焦点化する

高学年では、読むことの授業時間数は多くありません。その中で他学年より分量の多い作品を読み深めることになります。教材の特性をふまえて指導事項を焦点化した指導が大切になります。

# 8 第六学年「川とノリオ」 歌物語をつくろう

**単元名** 歌物語をつくろう

**教材名** 「川とノリオ」いぬいとみこ（教育出版）

**活動時間** 全8時間

**指導目標** 優れた表現を味わうとともに、その表現を自作の短歌に生かして、登場人物の心情を読み取る

**【知識及び技能】**

（1）オ　思考に関わる語句の量を増し、話や文章の中で使うとともに、語句と語句との関係、語句の構成や変化について理解し、語彙を豊かにすること。また、語感や言葉の使い方に対する感覚を意識して、語や語句を使うこと

ク　比喩や反復などの表現の工夫に気付くこと

（3）ア　親しみやすい古文や漢文、近代以降の文語調の文章を音読するなどして、言葉の響きやリズムに親しむこと

**【思考力、判断力、表現力等】**

イ　登場人物の相互関係や心情などについて、描写を基に捉えること

エ　人物像や物語などの全体像を具体的に想像したり、表現の効果を考えたりすること

オ　文章を読んで理解したことに基づいて、自分の考えをまとめること

カ　文章を読んでまとめた意見や感想を共有し、自分の考えを広げること

**言語活動** 優れた表現を生かして短歌をつくる

## (1) 活動のねらい

### ●表現活動「短歌」を読みの学習に生かす

高学年の指導事項で活動として設定しづらかったり、具体的に授業としてイメージしづらいものに、次の項目があります。

| |
|---|
| エ　人物像や物語などの全体像を具体的に想像したり、表現の効果を考えたりすること |

「物語などの全体像」や「表現の効果を考える」とは、どういうことでしょうか。『小学校学習指導要領解説国語編』には、次のように解説しています。

・物語などの全体像を考える

| |
|---|
| 「何が書かれているか」という内容面だけでなく、「どのように描かれているか」という表現面にも着目して読むことが、物語などの全体像を具体的にイメージすることにつながる |

・表現の効果を考える

| |
|---|
| 感動やユーモアなどを生み出す優れた叙述、暗示性の高い表現、メッセージや題材を強く意識させる表現などに着目しながら読むことが重要である |

本活動は、物語に散りばめられた文学的表現を使って、文学的表現様式である「短歌」の形でまとめる言語活動を設定しました。

「川とノリオ」は、散文詩的な文体で、人物や情景を比喩や具体的な情景描写などの表現技法を用いて描かれています。児童にとっては、内容と同じくらい「優れた叙述」が心に残る作品です。

導入段階で伝統的な言語文化の学習と関連させて「伊勢物語」の「都鳥」を提示し、物語の中に短歌（和歌）を挿入した形式があることを紹介し、物語の叙述を使って短歌をつくる学習を行うことを示します。

短歌については、中学年で学習しており、短歌づくりも五年生で行っています。短歌での学びを物語の読み取りに生かすことで深い学びになります。

## (2) 単元計画(全8時間 ※本時)

### ❶ 指導計画

第一次 「川とノリオ」を正確に読む

・本単元では、初発の感想は書かずに、第二次で「はじめの一首」を書くようにする。ここでは、作品世界をできるだけ正確に押さえるようにする

第1時 「川とノリオ」の範読を聞き、登場人物、場面、主なできごと、結末を表に整理する

・場面ごとにできごとと結末を整理する

第2時 整理した表をもとに、登場人物の心情を書く

・場面ごとに書き加える

第二次 優れた表現と場面の様子や登場人物の心情との関わりを考える

※第3時 叙述をもとに短歌をつくる

・優れた表現をもとに、「はじめの一首」をつくる

・「はじめの一首」を交流する

第4・5時 心に残った表現を生かし、短歌をつくる

・短歌をつくる。場面に関係なく印象に残った表現をもとにする

・歌物語であるので、短歌を挿入する場所も意識させる

◇児童の作品例

○まえがき
・絶え間なく流れつづける川の声　夕日のようにかがやく光
○早春
・すすきのほ静かに旗をふりながら　ノリオの父を見送り迎える
○また早春
・金色の冷たい川がノリオ呼ぶ　おさなきノリオわらいはじめ
○夏・八月六日
・夕暮れの川の光がまぶしくも　もう帰らぬ母をひたすら待つ
○おぼんの夜・また秋・冬
・きせるかむじいちゃんの目がぬれている小さな箱見て悲しみにくれ
○また八月の六日が来る
・うす青いノリオの世界ひろがる日　母ちゃん待ってたあの時思う

・短歌についての解説を書く
・自分の短歌を解説させる。短歌を交換して友達の作品を解説させてもよい

◇児童の解説文例

**短歌** 夕暮れの川の光がまぶしくも　もう帰らぬ母をひたすら待つ

**解説** ノリオの記憶がいっぺんに八月六日にもどってきたような歌なので、ノリオの母ちゃんへの思いがダイレクトに伝わってきました。夏なのに冷たいイメージがあります。

**第三次**　最も心に残った短歌を使って歌物語を書き、交流する

**第6・7時**　最も心に残った短歌を使って歌物語を書く

・短歌と短歌に必要な叙述を選んで歌物語を書く

**第8時**　作品についてのまとめと単元の学習活動をふりかえる

**〇まとめとふりかえりの観点**

①自分の書いた歌物語の解説文を書く

◇学習内容に対するまとめ

②「はじめの一首」と歌物語に使った短歌をくらべる

◇学習方法に対するふりかえり

## (3) 発問・指示で見る本時(第3時)の活動

### ❶ 歌物語を知る

「枕草子」などの伝統的な言語文化の学習を想起させるために、他の古典作品として、「伊勢物語」の「都鳥」を紹介します。作品の簡単な解説をし、この作品は物語と和歌で構成されていることを紹介します。

### ❷ 「川とノリオ」を読んで、心に残った表現を使って短歌(はじめの一首)をつくることを伝える

指示 心に残った表現を使って短歌をつくりましょう。これは、先生がつくった短歌です。

・児童にモデルとして教師のつくった短歌を紹介する

夕暮れのさみしい夏を思い出し　ノリオ悲しく母を待つなり

### ❸ 心に残った叙述を使って「はじめの一首」をつくる

○初発の感想を文章で書くのではなく、短歌で表現する
○初発の段階で心に残った叙述に着目することで、優れた叙述に着目する学習であることを意識させる
・実際につくるのは一首だけでなくてもよい
・自分が最もよくできたと思う作品を「はじめの一首」とする

◇児童の作品例

川たちはノリオの気持ちわかってた　おいでのことばなぐさめなんだ

## ❹「はじめの一首」を読み合い、感想を交流する

感想は、「鑑賞」と設定し、短歌を書いた児童に口頭で伝えます。

次時以降は、鑑賞文を書いて送り合います。

次時以降、場面ごとに短歌をつくって交流し、最終的に「さいごの一首」をつくることを確認し、学習の見通しをもたせます。

## (4) 活動のポイント

指導事項にそった言語活動を設定することで、児童は何を学び、何ができるようになるかを意識することができ、主体的な学びを進めることができます。

習得したことを活用することで、学びに連続性が生まれ、深い学びが生じます。

宮沢賢治や立松和平、椋鳩十の作品でも活動できる言語活動です。

参考文献

『アクティブラーニングと教授学習パラダイムの転換』溝上慎一（東信堂）
『教科書教材で出来るＰＩＳＡ型読解力の授業プラン集』有元秀文（明治図書）
『白石範孝の国語授業の教科書』白石範孝（東洋館出版社）
『音声言語指導のアイデア集成　小学校高学年』高橋俊三編著（明治図書）
『新国語科の重点指導』シリーズ市毛勝雄編（明治図書）
『読書へのアニマシオン75の作戦』Ｍ・Ｍ・サルト（柏書房）

あわせて読みたい文献

『活用して交流する「書くこと」の指導』井上善弘編（東洋館出版社）
『絵図で読み解き、思考力・表現力をつける国語科授業』植松雅美監修　井上善弘編著（東洋館出版社）
『小学校言語活動の授業をつくる』植松雅美監修　井上善弘編著（学事出版）

| 中学校 |
| --- |
| 言葉による見方・考え方を働かせ，言語活動を通して，国語で正確に理解し適切に表現する資質・能力を次のとおり育成することを目指す。 |
| (1) 社会生活に必要な国語について，その特質を理解し適切に使うことができるようにする。 |
| (2) 社会生活における人との関わりの中で伝え合う力を高め，思考力や想像力を養う。 |
| (3) 言葉がもつ価値を認識するとともに，言語感覚を豊かにし，我が国の言語文化に関わり，国語を尊重してその能力の向上を図る態度を養う。 |

| （中）第１学年 | （中）第２学年 | （中）第３学年 |
| --- | --- | --- |
| (1) 社会生活に必要な国語の知識や技能を身に付けるとともに，我が国の言語文化に親しんだり理解したりすることができるようにする。 | (1) 社会生活に必要な国語の知識や技能を身に付けるとともに，我が国の言語文化に親しんだり理解したりすることができるようにする。 | (1) 社会生活に必要な国語の知識や技能を身に付けるとともに，我が国の言語文化に親しんだり理解したりすることができるようにする。 |
| (2) 筋道立てて考える力や豊かに感じたり想像したりする力を養い，日常生活における人との関わりの中で伝え合う力を高め，自分の思いや考えを確かなものにすることができるようにする。 | (2) 論理的に考える力や共感したり想像したりする力を養い，社会生活における人との関わりの中で伝え合う力を高め，自分の思いや考えを広げたり深めたりすることができるようにする。 | (2) 論理的に考える力や深く共感したり豊かに想像したりする力を養い，社会生活における人との関わりの中で伝え合う力を高め，自分の思いや考えを広げたり深めたりすることができるようにする。 |
| (3) 言葉がもつ価値に気付くとともに，進んで読書をし，我が国の言語文化を大切にして，思いや考えを伝え合おうとする態度を養う。 | (3) 言葉がもつ価値を認識するとともに，読書を生活に役立て，我が国の言語文化を大切にして，思いや考えを伝え合おうとする態度を養う。 | (3) 言葉がもつ価値を認識するとともに，読書を通して自己を向上させ，我が国の言語文化に関わり，思いや考えを伝え合おうとする態度を養う。 |

## 資料 教科の目標，各学年の目標及び内容の系統表（小・中学校国語科）

教科の目標

| | 小学校 |
|---|---|
| | 言葉による見方・考え方を働かせ，言語活動を通して，国語で正確に理解し適切に表現する資質・能力を次のとおり育成することを目指す。 |
| 「知識及び技能」 | (1) 日常生活に必要な国語について，その特質を理解し適切に使うことができるようにする。 |
| 「思考力，判断力，表現力等」 | (2) 日常生活における人との関わりの中で伝え合う力を高め，思考力や想像力を養う。 |
| 「学びに向かう力，人間性等」 | (3) 言葉がもつよさを認識するとともに，言語感覚を養い，国語の大切さを自覚し，国語を尊重してその能力の向上を図る態度を養う。 |

学年の目標

| | （小）第１学年及び第２学年 | （小）第３学年及び第４学年 | （小）第５学年及び第６学年 |
|---|---|---|---|
| 「知識及び技能」 | (1) 日常生活に必要な国語の知識や技能を身に付けるとともに，我が国の言語文化に親しんだり理解したりすることができるようにする。 | (1) 日常生活に必要な国語の知識や技能を身に付けるとともに，我が国の言語文化に親しんだり理解したりすることができるようにする。 | (1) 日常生活に必要な国語の知識や技能を身に付けるとともに，我が国の言語文化に親しんだり理解したりすることができるようにする。 |
| 「思考力，判断力，表現力等」 | (2) 順序立てて考える力や感じたり想像したりする力を養い，日常生活における人との関わりの中で伝え合う力を高め，自分の思いや考えをもつことができるようにする。 | (2) 筋道立てて考える力や豊かに感じたり想像したりする力を養い，日常生活における人との関わりの中で伝え合う力を高め，自分の思いや考えをまとめることができるようにする。 | (2) 筋道立てて考える力や豊かに感じたり想像したりする力を養い，日常生活における人との関わりの中で伝え合う力を高め，自分の思いや考えを広げることができるようにする。 |
| 「学びに向かう力，人間性等」 | (3) 言葉がもつよさを感じるとともに，楽しんで読書をし，国語を大切にして，思いや考えを伝え合おうとする態度を養う。 | (3) 言葉がもつよさに気付くとともに，幅広く読書をし，国語を大切にして，思いや考えを伝え合おうとする態度を養う。 | (3) 言葉がもつよさを認識するとともに，進んで読書をし，国語の大切さを自覚して，思いや考えを伝え合おうとする態度を養う。 |

| （中）第１学年 | （中）第２学年 | （中）第３学年 |
| --- | --- | --- |
| (1)　言葉の特徴や使い方に関する次の事項を身に付けることができるよう指導する。 | | |
| | ア　言葉には，相手の行動を促す働きがあることに気付くこと。 | |
| ア　音声の働きや仕組みについて，理解を深めること。 | イ　話し言葉と書き言葉の特徴について理解すること。 | |
| イ　小学校学習指導要領第２章第１節国語の学年別漢字配当表（以下「学年別漢字配当表」という。）に示されている漢字に加え，その他の常用漢字のうち300字程度から400字程度までの漢字を読むこと。また，学年別漢字配当表の漢字のうち900字程度の漢字を書き，文や文章の中で使うこと。 | ウ　第１学年までに学習した常用漢字に加え，その他の常用漢字のうち350字程度から450字程度までの漢字を読むこと。また，学年別漢字配当表に示されている漢字を書き，文や文章の中で使うこと。 | ア　第２学年までに学習した常用漢字に加え，その他の常用漢字の大体を読むこと。また，学年別漢字配当表に示されている漢字について，文や文章の中で使い慣れること。 |
| ウ　事象や行為，心情を表す語句の量を増すとともに，語句の辞書的な意味と文脈上の意味との関係に注意して話や文章の中で使うことを通して，語感を磨き語彙を豊かにすること。 | エ　抽象的な概念を表す語句の量を増すとともに，類義語と対義語，同音異義語や多義的な意味を表す語句などについて理解し，話や文章の中で使うことを通して，語感を磨き語彙を豊かにすること。 | イ　理解したり表現したりするために必要な語句の量を増し，慣用句や四字熟語などについて理解を深め，話や文章の中で使うとともに，和語，漢語，外来語などを使い分けることを通して，語感を磨き語彙を豊かにすること。 |
| エ　単語の類別について理解するとともに，指示する語句と接続する語句の役割について理解を深めること。 | オ　単語の活用，助詞や助動詞などの働き，文の成分の順序や照応など文の構成について理解するとともに，話や文章の構成や展開について理解を深めること。 | ウ　話や文章の種類とその特徴について理解を深めること。 |
| | カ　敬語の働きについて理解し，話や文章の中で使うこと。 | エ　敬語などの相手や場に応じた言葉遣いを理解し，適切に使うこと。 |
| オ　比喩，反復，倒置，体言止めなどの表現の技法を理解し使うこと。 | | |
| | | |

〔知識及び技能〕
⑴　言葉の特徴や使い方に関する事項

| | （小）第１学年及び第２学年 | （小）第３学年及び第４学年 | （小）第５学年及び第６学年 |
|---|---|---|---|
| | ⑴　言葉の特徴や使い方に関する次の事項を身に付けることができるよう指導する。 | | |
| 言葉の働き | ア　言葉には，事物の内容を表す働きや，経験したことを伝える働きがあることに気付くこと。 | ア　言葉には，考えたことや思ったことを表す働きがあることに気付くこと。 | ア　言葉には，相手とのつながりをつくる働きがあることに気付くこと。 |
| 話し言葉と書き言葉 | イ　音節と文字との関係，アクセントによる語の意味の違いなどに気付くとともに，姿勢や口形，発声や発音に注意して話すこと。<br>ウ　長音，拗《よう》音，促音，撥《はつ》音などの表記，助詞の「は」，「へ」及び「を」の使い方，句読点の打ち方，かぎ（「　」）の使い方を理解して文や文章の中で使うこと。また，平仮名及び片仮名を読み，書くとともに，片仮名で書く語の種類を知り，文や文章の中で使うこと。 | イ　相手を見て話したり聞いたりするとともに，言葉の抑揚や強弱，間の取り方などに注意して話すこと。<br>ウ　漢字と仮名を用いた表記，送り仮名の付け方，改行の仕方を理解して文や文章の中で使うとともに，句読点を適切に打つこと。また，第３学年においては，日常使われている簡単な単語について，ローマ字で表記されたものを読み，ローマ字で書くこと。 | イ　話し言葉と書き言葉との違いに気付くこと。<br>ウ　文や文章の中で漢字と仮名を適切に使い分けるとともに，送り仮名や仮名遣いに注意して正しく書くこと。 |
| 漢字 | エ　第１学年においては，別表の学年別漢字配当表（以下「学年別漢字配当表」という。）の第１学年に配当されている漢字を読み，漸次書き，文や文章の中で使うこと。第２学年においては，学年別漢字配当表の第２学年までに配当されている漢字を読むこと。また，第１学年に配当されている漢字を書き，文や文章の中で使うとともに，第２学年に配当されている漢字を漸次書き，文や文章の中で使うこと。 | エ　第３学年及び第４学年の各学年においては，学年別漢字配当表の当該学年までに配当されている漢字を読むこと。また，当該学年の前の学年までに配当されている漢字を書き，文や文章の中で使うとともに，当該学年に配当されている漢字を漸次書き，文や文章の中で使うこと。 | エ　第５学年及び第６学年の各学年においては，学年別漢字配当表の当該学年までに配当されている漢字を読むこと。また，当該学年の前の学年までに配当されている漢字を書き，文や文章の中で使うとともに，当該学年に配当されている漢字を漸次書き，文や文章の中で使うこと。 |
| 語彙 | オ　身近なことを表す語句の量を増し，話や文章の中で使うとともに，言葉には意味による語句のまとまりがあることに気付き，語彙を豊かにすること。 | オ　様子や行動，気持ちや性格を表す語句の量を増し，話や文章の中で使うとともに，言葉には性質や役割による語句のまとまりがあることを理解し，語彙を豊かにすること。 | オ　思考に関わる語句の量を増し，話や文章の中で使うとともに，語句と語句との関係，語句の構成や変化について理解し，語彙を豊かにすること。また，語感や言葉の使い方に対する感覚を意識して，語や語句を使うこと。 |
| 文や文章 | カ　文の中における主語と述語との関係に気付くこと。 | カ　主語と述語との関係，修飾と被修飾との関係，指示する語句と接続する語句の役割，段落の役割について理解すること。 | カ　文の中での語句の係り方や語順，文と文との接続の関係，話や文章の構成や展開，話や文章の種類とその特徴について理解すること。 |
| 言葉遣い | キ　丁寧な言葉と普通の言葉との違いに気を付けて使うとともに，敬体で書かれた文章に慣れること。 | キ　丁寧な言葉を使うとともに，敬体と常体との違いに注意しながら書くこと。 | キ　日常よく使われる敬語を理解し使い慣れること。 |
| 表現の技法 | | | ク　比喩や反復などの表現の工夫に気付くこと。 |
| 音読，朗読 | ク　語のまとまりや言葉の響きなどに気を付けて音読すること。 | ク　文章全体の構成や内容の大体を意識しながら音読すること。 | ケ　文章を音読したり朗読したりすること。 |

| （中）第１学年 | （中）第２学年 | （中）第３学年 |
|---|---|---|
| ⑵　話や文章に含まれている情報の扱い方に関する次の事項を身に付けることができるよう指導する。 | | |
| ア　原因と結果，意見と根拠など情報と情報との関係について理解すること。 | ア　意見と根拠，具体と抽象など情報と情報との関係について理解すること。 | ア　具体と抽象など情報と情報との関係について理解を深めること。 |
| イ　比較や分類，関係付けなどの情報の整理の仕方，引用の仕方や出典の示し方について理解を深め，それらを使うこと。 | イ　情報と情報との関係の様々な表し方を理解し使うこと。 | イ　情報の信頼性の確かめ方を理解し使うこと。 |

| （中）第１学年 | （中）第２学年 | （中）第３学年 |
|---|---|---|
| ⑶　我が国の言語文化に関する次の事項を身に付けることができるよう指導する。 | | |
| ア　音読に必要な文語のきまりや訓読の仕方を知り，古文や漢文を音読し，古典特有のリズムを通して，古典の世界に親しむこと。<br><br>イ　古典には様々な種類の作品があることを知ること。 | ア　作品の特徴を生かして朗読するなどして，古典の世界に親しむこと。<br><br>イ　現代語訳や語注などを手掛かりに作品を読むことを通して，古典に表れたものの見方や考え方を知ること。 | ア　歴史的背景などに注意して古典を読むことを通して，その世界に親しむこと。<br><br>イ　長く親しまれている言葉や古典の一節を引用するなどして使うこと。 |
| ウ　共通語と方言の果たす役割について理解すること。 | | ウ　時間の経過による言葉の変化や世代による言葉の違いについて理解すること。 |
| エ　書写に関する次の事項を理解し使うこと。<br>㋐　字形を整え，文字の大きさ，配列などについて理解して，楷書で書くこと。<br>㋑　漢字の行書の基礎的な書き方を理解して，身近な文字を行書で書くこと。 | ウ　書写に関する次の事項を理解し使うこと。<br>㋐　漢字の行書とそれに調和した仮名の書き方を理解して，読みやすく速く書くこと。<br>㋑　目的や必要に応じて，楷書又は行書を選んで書くこと。 | エ　書写に関する次の事項を理解し使うこと。<br>㋐　身の回りの多様な表現を通して文字文化の豊かさに触れ，効果的に文字を書くこと。 |
| オ　読書が，知識や情報を得たり，自分の考えを広げたりすることに役立つことを理解すること。 | エ　本や文章などには，様々な立場や考え方が書かれていることを知り，自分の考えを広げたり深めたりする読書に生かすこと。 | オ　自分の生き方や社会との関わり方を支える読書の意義と効用について理解すること。 |

⑵　情報の扱い方に関する事項

| | （小）第１学年及び第２学年 | （小）第３学年及び第４学年 | （小）第５学年及び第６学年 |
|---|---|---|---|
| | ⑵　話や文章に含まれている情報の扱い方に関する次の事項を身に付けることができるよう指導する。 | | |
| 情報と情報との関係 | ア　共通，相違，事柄の順序など情報と情報との関係について理解すること。 | ア　考えとそれを支える理由や事例，全体と中心など情報と情報との関係について理解すること。 | ア　原因と結果など情報と情報との関係について理解すること。 |
| 情報の整理 | | イ　比較や分類の仕方，必要な語句などの書き留め方，引用の仕方や出典の示し方，辞書や事典の使い方を理解し使うこと。 | イ　情報と情報との関係付けの仕方，図などによる語句と語句との関係の表し方を理解し使うこと。 |

⑶　我が国の言語文化に関する事項

| | （小）第１学年及び第２学年 | （小）第３学年及び第４学年 | （小）第５学年及び第６学年 |
|---|---|---|---|
| | ⑶　我が国の言語文化に関する次の事項を身に付けることができるよう指導する。 | | |
| 伝統的な言語文化 | ア　昔話や神話・伝承などの読み聞かせを聞くなどして，我が国の伝統的な言語文化に親しむこと。<br>イ　長く親しまれている言葉遊びを通して，言葉の豊かさに気付くこと。 | ア　易しい文語調の短歌や俳句を音読したり暗唱したりするなどして，言葉の響きやリズムに親しむこと。<br>イ　長い間使われてきたことわざや慣用句，故事成語などの意味を知り，使うこと。 | ア　親しみやすい古文や漢文，近代以降の文語調の文章を音読するなどして，言葉の響きやリズムに親しむこと。<br>イ　古典について解説した文章を読んだり作品の内容の大体を知ったりすることを通して，昔の人のものの見方や感じ方を知ること。 |
| 言葉の由来や変化 | | ウ　漢字が，へんやつくりなどから構成されていることについて理解すること。 | ウ　語句の由来などに関心をもつとともに，時間の経過による言葉の変化や世代による言葉の違いに気付き，共通語と方言との違いを理解すること。また，仮名及び漢字の由来，特質などについて理解すること。 |
| 書写 | ウ　書写に関する次の事項を理解し使うこと。<br>㋐　姿勢や筆記具の持ち方を正しくして書くこと。<br>㋑　点画の書き方や文字の形に注意しながら，筆順に従って丁寧に書くこと。<br>㋒　点画相互の接し方や交わり方，長短や方向などに注意して，文字を正しく書くこと。 | エ　書写に関する次の事項を理解し使うこと。<br>㋐　文字の組立て方を理解し，形を整えて書くこと。<br>㋑　漢字や仮名の大きさ，配列に注意して書くこと。<br>㋒　毛筆を使用して点画の書き方への理解を深め，筆圧などに注意して書くこと。 | エ　書写に関する次の事項を理解し使うこと。<br>㋐　用紙全体との関係に注意して，文字の大きさや配列などを決めるとともに，書く速さを意識して書くこと。<br>㋑　毛筆を使用して，穂先の動きと点画のつながりを意識して書くこと。<br>㋒　目的に応じて使用する筆記具を選び，その特徴を生かして書くこと。 |
| 読書 | エ　読書に親しみ，いろいろな本があることを知ること。 | オ　幅広く読書に親しみ，読書が，必要な知識や情報を得ることに役立つことに気付くこと。 | オ　日常的に読書に親しみ，読書が，自分の考えを広げることに役立つことに気付くこと。 |

| （中）第１学年 | （中）第２学年 | （中）第３学年 |
|---|---|---|
| (1) 話すこと・聞くことに関する次の事項を身に付けることができるよう指導する。 | | |
| ア　目的や場面に応じて，日常生活の中から話題を決め，集めた材料を整理し，伝え合う内容を検討すること。 | ア　目的や場面に応じて，社会生活の中から話題を決め，異なる立場や考えを想定しながら集めた材料を整理し，伝え合う内容を検討すること。 | ア　目的や場面に応じて，社会生活の中から話題を決め，多様な考えを想定しながら材料を整理し，伝え合う内容を検討すること。 |
| イ　自分の考えや根拠が明確になるように，話の中心的な部分と付加的な部分，事実と意見との関係などに注意して，話の構成を考えること。 | イ　自分の立場や考えが明確になるように，根拠の適切さや論理の展開などに注意して，話の構成を工夫すること。 | イ　自分の立場や考えを明確にし，相手を説得できるように論理の展開などを考えて，話の構成を工夫すること。 |
| ウ　相手の反応を踏まえながら，自分の考えが分かりやすく伝わるように表現を工夫すること。 | ウ　資料や機器を用いるなどして，自分の考えが分かりやすく伝わるように表現を工夫すること。 | ウ　場の状況に応じて言葉を選ぶなど，自分の考えが分かりやすく伝わるように表現を工夫すること。 |
| 【再掲】<br>ア　目的や場面に応じて，日常生活の中から話題を決め，集めた材料を整理し，伝え合う内容を検討すること。 | 【再掲】<br>ア　目的や場面に応じて，社会生活の中から話題を決め，異なる立場や考えを想定しながら集めた材料を整理し，伝え合う内容を検討すること。 | 【再掲】<br>ア　目的や場面に応じて，社会生活の中から話題を決め，多様な考えを想定しながら材料を整理し，伝え合う内容を検討すること。 |
| エ　必要に応じて記録したり質問したりしながら話の内容を捉え，共通点や相違点などを踏まえて，自分の考えをまとめること。 | エ　論理の展開などに注意して聞き，話し手の考えと比較しながら，自分の考えをまとめること。 | エ　話の展開を予測しながら聞き，聞き取った内容や表現の仕方を評価して，自分の考えを広げたり深めたりすること。 |
| 【再掲】<br>ア　目的や場面に応じて，日常生活の中から話題を決め，集めた材料を整理し，伝え合う内容を検討すること。 | 【再掲】<br>ア　目的や場面に応じて，社会生活の中から話題を決め，異なる立場や考えを想定しながら集めた材料を整理し，伝え合う内容を検討すること。 | 【再掲】<br>ア　目的や場面に応じて，社会生活の中から話題を決め，多様な考えを想定しながら材料を整理し，伝え合う内容を検討すること。 |
| オ　話題や展開を捉えながら話し合い，互いの発言を結び付けて考えをまとめること。 | オ　互いの立場や考えを尊重しながら話し合い，結論を導くために考えをまとめること。 | オ　進行の仕方を工夫したり互いの発言を生かしたりしながら話し合い，合意形成に向けて考えを広げたり深めたりすること。 |
| (2) (1)に示す事項については，例えば，次のような言語活動を通して指導するものとする。 | | |
| ア　紹介や報告など伝えたいことを話したり，それらを聞いて質問したり意見などを述べたりする活動。<br>イ　互いの考えを伝えるなどして，少人数で話し合う活動。 | ア　説明や提案など伝えたいことを話したり，それらを聞いて質問や助言などをしたりする活動。<br>イ　それぞれの立場から考えを伝えるなどして，議論や討論をする活動。 | ア　提案や主張など自分の考えを話したり，それらを聞いて質問したり評価などを述べたりする活動。<br>イ　互いの考えを生かしながら議論や討論をする活動。 |

〔思考力，判断力，表現力等〕

A　話すこと・聞くこと

| | | （小）第１学年及び第２学年 | （小）第３学年及び第４学年 | （小）第５学年及び第６学年 |
|---|---|---|---|---|
| | | (1)　話すこと・聞くことに関する次の事項を身に付けることができるよう指導する。 | | |
| 話すこと | 話題の設定<br>情報の収集<br>内容の検討 | ア　身近なことや経験したことなどから話題を決め，伝え合うために必要な事柄を選ぶこと。 | ア　目的を意識して，日常生活の中から話題を決め，集めた材料を比較したり分類したりして，伝え合うために必要な事柄を選ぶこと。 | ア　目的や意図に応じて，日常生活の中から話題を決め，集めた材料を分類したり関係付けたりして，伝え合う内容を検討すること。 |
| 話すこと | 構成の検討<br>考えの形成 | イ　相手に伝わるように，行動したことや経験したことに基づいて，話す事柄の順序を考えること。 | イ　相手に伝わるように，理由や事例などを挙げながら，話の中心が明確になるよう話の構成を考えること。 | イ　話の内容が明確になるように，事実と感想，意見とを区別するなど，話の構成を考えること。 |
| 話すこと | 表現<br>共有 | ウ　伝えたい事柄や相手に応じて，声の大きさや速さなどを工夫すること。 | ウ　話の中心や話す場面を意識して，言葉の抑揚や強弱，間の取り方などを工夫すること。 | ウ　資料を活用するなどして，自分の考えが伝わるように表現を工夫すること。 |
| 聞くこと | 話題の設定<br>情報の収集 | 【再掲】<br>ア　身近なことや経験したことなどから話題を決め，伝え合うために必要な事柄を選ぶこと。 | 【再掲】<br>ア　目的を意識して，日常生活の中から話題を決め，集めた材料を比較したり分類したりして，伝え合うために必要な事柄を選ぶこと。 | 【再掲】<br>ア　目的や意図に応じて，日常生活の中から話題を決め，集めた材料を分類したり関係付けたりして，伝え合う内容を検討すること。 |
| 聞くこと | 構造と内容の把握<br>精査・解釈<br>考えの形成<br>共有 | エ　話し手が知らせたいことや自分が聞きたいことを落とさないように集中して聞き，話の内容を捉えて感想をもつこと。 | エ　必要なことを記録したり質問したりしながら聞き，話し手が伝えたいことや自分が聞きたいことの中心を捉え，自分の考えをもつこと。 | エ　話し手の目的や自分が聞こうとする意図に応じて，話の内容を捉え，話し手の考えと比較しながら，自分の考えをまとめること。 |
| 話し合うこと | 話題の設定<br>情報の収集<br>内容の検討 | 【再掲】<br>ア　身近なことや経験したことなどから話題を決め，伝え合うために必要な事柄を選ぶこと。 | 【再掲】<br>ア　目的を意識して，日常生活の中から話題を決め，集めた材料を比較したり分類したりして，伝え合うために必要な事柄を選ぶこと。 | 【再掲】<br>ア　目的や意図に応じて，日常生活の中から話題を決め，集めた材料を分類したり関係付けたりして，伝え合う内容を検討すること。 |
| 話し合うこと | 話合いの進め方の検討<br>考えの形成<br>共有 | オ　互いの話に関心をもち，相手の発言を受けて話をつなぐこと。 | オ　目的や進め方を確認し，司会などの役割を果たしながら話し合い，互いの意見の共通点や相違点に着目して，考えをまとめること。 | オ　互いの立場や意図を明確にしながら計画的に話し合い，考えを広げたりまとめたりすること。 |
| 言語活動例 | | (2)　(1)に示す事項については，例えば，次のような言語活動を通して指導するものとする。 | | |
| 言語活動例 | | ア　紹介や説明，報告など伝えたいことを話したり，それらを聞いて声に出して確かめたり感想を述べたりする活動。 | ア　説明や報告など調べたことを話したり，それらを聞いたりする活動。<br>イ　質問するなどして情報を集めたり，それらを発表したりする活動。 | ア　意見や提案など自分の考えを話したり，それらを聞いたりする活動。<br>イ　インタビューなどをして必要な情報を集めたり，それらを発表したりする活動。 |
| 言語活動例 | | イ　尋ねたり応答したりするなどして，少人数で話し合う活動。 | ウ　互いの考えを伝えるなどして，グループや学級全体で話し合う活動。 | ウ　それぞれの立場から考えを伝えるなどして話し合う活動。 |

| （中）第１学年 | （中）第２学年 | （中）第３学年 |
| --- | --- | --- |
| (1)　書くことに関する次の事項を身に付けることができるよう指導する。 | | |
| ア　目的や意図に応じて，日常生活の中から題材を決め，集めた材料を整理し，伝えたいことを明確にすること。 | ア　目的や意図に応じて，社会生活の中から題材を決め，多様な方法で集めた材料を整理し，伝えたいことを明確にすること。 | ア　目的や意図に応じて，社会生活の中から題材を決め，集めた材料の客観性や信頼性を確認し，伝えたいことを明確にすること。 |
| イ　書く内容の中心が明確になるように，段落の役割などを意識して文章の構成や展開を考えること。 | イ　伝えたいことが分かりやすく伝わるように，段落相互の関係などを明確にし，文章の構成や展開を工夫すること。 | イ　文章の種類を選択し，多様な読み手を説得できるように論理の展開などを考えて，文章の構成を工夫すること。 |
| ウ　根拠を明確にしながら，自分の考えが伝わる文章になるように工夫すること。 | ウ　根拠の適切さを考えて説明や具体例を加えたり，表現の効果を考えて描写したりするなど，自分の考えが伝わる文章になるように工夫すること。 | ウ　表現の仕方を考えたり資料を適切に引用したりするなど，自分の考えが分かりやすく伝わる文章になるように工夫すること。 |
| エ　読み手の立場に立って，表記や語句の用法，叙述の仕方などを確かめて，文章を整えること。 | エ　読み手の立場に立って，表現の効果などを確かめて，文章を整えること。 | エ　目的や意図に応じた表現になっているかなどを確かめて，文章全体を整えること。 |
| オ　根拠の明確さなどについて，読み手からの助言などを踏まえ，自分の文章のよい点や改善点を見いだすこと。 | オ　表現の工夫とその効果などについて，読み手からの助言などを踏まえ，自分の文章のよい点や改善点を見いだすこと。 | オ　論理の展開などについて，読み手からの助言などを踏まえ，自分の文章のよい点や改善点を見いだすこと。 |
| (2)　(1)に示す事項については，例えば，次のような言語活動を通して指導するものとする。 | | |
| ア　本や資料から文章や図表などを引用して説明したり記録したりするなど，事実やそれを基に考えたことを書く活動。<br>イ　行事の案内や報告の文章を書くなど，伝えるべきことを整理して書く活動。<br>ウ　詩を創作したり随筆を書いたりするなど，感じたことや考えたことを書く活動。 | ア　多様な考えができる事柄について意見を述べるなど，自分の考えを書く活動。<br>イ　社会生活に必要な手紙や電子メールを書くなど，伝えたいことを相手や媒体を考慮して書く活動。<br>ウ　短歌や俳句，物語を創作するなど，感じたことや想像したことを書く活動。 | ア　関心のある事柄について批評するなど，自分の考えを書く活動。<br>イ　情報を編集して文章にまとめるなど，伝えたいことを整理して書く活動。 |

B　書くこと

| | （小）第１学年及び第２学年 | （小）第３学年及び第４学年 | （小）第５学年及び第６学年 |
|---|---|---|---|
| | (1)　書くことに関する次の事項を身に付けることができるよう指導する。 | | |
| 題材の設定<br>情報の収集<br>内容の検討 | ア　経験したことや想像したことなどから書くことを見付け，必要な事柄を集めたり確かめたりして，伝えたいことを明確にすること。 | ア　相手や目的を意識して，経験したことや想像したことなどから書くことを選び，集めた材料を比較したり分類したりして，伝えたいことを明確にすること。 | ア　目的や意図に応じて，感じたことや考えたことなどから書くことを選び，集めた材料を分類したり関係付けたりして，伝えたいことを明確にすること。 |
| 構成の検討 | イ　自分の思いや考えが明確になるように，事柄の順序に沿って簡単な構成を考えること。 | イ　書く内容の中心を明確にし，内容のまとまりで段落をつくったり，段落相互の関係に注意したりして，文章の構成を考えること。 | イ　筋道の通った文章となるように，文章全体の構成や展開を考えること。 |
| 考えの形成 | ウ　語と語や文と文との続き方に注意しながら，内容のまとまりが分かるように書き表し方を工夫すること。 | ウ　自分の考えとそれを支える理由や事例との関係を明確にして，書き表し方を工夫すること。 | ウ　目的や意図に応じて簡単に書いたり詳しく書いたりするとともに，事実と感想，意見とを区別して書いたりするなど，自分の考えが伝わるように書き表し方を工夫すること。 |
| 記述 | | | エ　引用したり，図表やグラフなどを用いたりして，自分の考えが伝わるように書き表し方を工夫すること。 |
| 推敲 | エ　文章を読み返す習慣を付けるとともに，間違いを正したり，語と語や文と文との続き方を確かめたりすること。 | エ　間違いを正したり，相手や目的を意識した表現になっているかを確かめたりして，文や文章を整えること。 | オ　文章全体の構成や書き表し方などに着目して，文や文章を整えること。 |
| 共有 | オ　文章に対する感想を伝え合い，自分の文章の内容や表現のよいところを見付けること。 | オ　書こうとしたことが明確になっているかなど，文章に対する感想や意見を伝え合い，自分の文章のよいところを見付けること。 | カ　文章全体の構成や展開が明確になっているかなど，文章に対する感想や意見を伝え合い，自分の文章のよいところを見付けること。 |
| | (2)　(1)に示す事項については，例えば，次のような言語活動を通して指導するものとする。 | | |
| 言語活動例 | ア　身近なことや経験したことを報告したり，観察したことを記録したりするなど，見聞きしたことを書く活動。<br><br>イ　日記や手紙を書くなど，思ったことや伝えたいことを書く活動。<br><br>ウ　簡単な物語をつくるなど，感じたことや想像したことを書く活動。 | ア　調べたことをまとめて報告するなど，事実やそれを基に考えたことを書く活動。<br><br>イ　行事の案内やお礼の文章を書くなど，伝えたいことを手紙に書く活動。<br><br>ウ　詩や物語をつくるなど，感じたことや想像したことを書く活動。 | ア　事象を説明したり意見を述べたりするなど，考えたことや伝えたいことを書く活動。<br><br>イ　短歌や俳句をつくるなど，感じたことや想像したことを書く活動。<br><br>ウ　事実や経験を基に，感じたり考えたりしたことや自分にとっての意味について文章に書く活動。 |

<table>
<tr><th>（中）第１学年</th><th>（中）第２学年</th><th>（中）第３学年</th></tr>
<tr><td colspan="3">(1)　読むことに関する次の事項を身に付けることができるよう指導する。</td></tr>
<tr><td>ア　文章の中心的な部分と付加的な部分，事実と意見との関係などについて叙述を基に捉え，要旨を把握すること。<br><br>イ　場面の展開や登場人物の相互関係，心情の変化などについて，描写を基に捉えること。</td><td>ア　文章全体と部分との関係に注意しながら，主張と例示との関係や登場人物の設定の仕方などを捉えること。</td><td>ア　文章の種類を踏まえて，論理や物語の展開の仕方などを捉えること。</td></tr>
<tr><td>ウ　目的に応じて必要な情報に着目して要約したり，場面と場面，場面と描写などを結び付けたりして，内容を解釈すること。<br><br>エ　文章の構成や展開，表現の効果について，根拠を明確にして考えること。</td><td>イ　目的に応じて複数の情報を整理しながら適切な情報を得たり，登場人物の言動の意味などについて考えたりして，内容を解釈すること。<br><br>ウ　文章と図表などを結び付け，その関係を踏まえて内容を解釈すること。<br><br>エ　観点を明確にして文章を比較するなどし，文章の構成や論理の展開，表現の効果について考えること。</td><td>イ　文章を批判的に読みながら，文章に表れているものの見方や考え方について考えること。<br><br>ウ　文章の構成や論理の展開，表現の仕方について評価すること。</td></tr>
<tr><td>オ　文章を読んで理解したことに基づいて，自分の考えを確かなものにすること。</td><td>オ　文章を読んで理解したことや考えたことを知識や経験と結び付け，自分の考えを広げたり深めたりすること。</td><td>エ　文章を読んで考えを広げたり深めたりして，人間，社会，自然などについて，自分の意見をもつこと。</td></tr>
<tr><td colspan="3">(2)　(1)に示す事項については，例えば，次のような言語活動を通して指導するものとする。</td></tr>
<tr><td>ア　説明や記録などの文章を読み，理解したことや考えたことを報告したり文章にまとめたりする活動。<br><br>イ　小説や随筆などを読み，考えたことなどを記録したり伝え合ったりする活動。<br><br>ウ　学校図書館などを利用し，多様な情報を得て，考えたことなどを報告したり資料にまとめたりする活動。</td><td>ア　報告や解説などの文章を読み，理解したことや考えたことを説明したり文章にまとめたりする活動。<br><br>イ　詩歌や小説などを読み，引用して解説したり，考えたことなどを伝え合ったりする活動。<br><br>ウ　本や新聞，インターネットなどから集めた情報を活用し，出典を明らかにしながら，考えたことなどを説明したり提案したりする活動。</td><td>ア　論説や報道などの文章を比較するなどして読み，理解したことや考えたことについて討論したり文章にまとめたりする活動。<br><br>イ　詩歌や小説などを読み，批評したり，考えたことなどを伝え合ったりする活動。<br><br>ウ　実用的な文章を読み，実生活への生かし方を考える活動。</td></tr>
</table>

C　読むこと

| | （小）第１学年及び第２学年 | （小）第３学年及び第４学年 | （小）第５学年及び第６学年 |
|---|---|---|---|
| | (1)　読むことに関する次の事項を身に付けることができるよう指導する。 | | |
| 構造と内容の把握 | ア　時間的な順序や事柄の順序などを考えながら，内容の大体を捉えること。 | ア　段落相互の関係に着目しながら，考えとそれを支える理由や事例との関係などについて，叙述を基に捉えること。 | ア　事実と感想，意見などとの関係を叙述を基に押さえ，文章全体の構成を捉えて要旨を把握すること。 |
| | イ　場面の様子や登場人物の行動など，内容の大体を捉えること。 | イ　登場人物の行動や気持ちなどについて，叙述を基に捉えること。 | イ　登場人物の相互関係や心情などについて，描写を基に捉えること。 |
| 精査・解釈 | ウ　文章の中の重要な語や文を考えて選び出すこと。 | ウ　目的を意識して，中心となる語や文を見付けて要約すること。 | ウ　目的に応じて，文章と図表などを結び付けるなどして必要な情報を見付けたり，論の進め方について考えたりすること。 |
| | エ　場面の様子に着目して，登場人物の行動を具体的に想像すること。 | エ　登場人物の気持ちの変化や性格，情景について，場面の移り変わりと結び付けて具体的に想像すること。 | エ　人物像や物語などの全体像を具体的に想像したり，表現の効果を考えたりすること。 |
| 考えの形成 | オ　文章の内容と自分の体験とを結び付けて，感想をもつこと。 | オ　文章を読んで理解したことに基づいて，感想や考えをもつこと。 | オ　文章を読んで理解したことに基づいて，自分の考えをまとめること。 |
| 共有 | カ　文章を読んで感じたことや分かったことを共有すること。 | カ　文章を読んで感じたことや考えたことを共有し，一人一人の感じ方などに違いがあることに気付くこと。 | カ　文章を読んでまとめた意見や感想を共有し，自分の考えを広げること。 |
| 言語活動例 | (2)　(1)に示す事項については，例えば，次のような言語活動を通して指導するものとする。 | | |
| | ア　事物の仕組みを説明した文章などを読み，分かったことや考えたことを述べる活動。 | ア　記録や報告などの文章を読み，文章の一部を引用して，分かったことや考えたことを説明したり，意見を述べたりする活動。 | ア　説明や解説などの文章を比較するなどして読み，分かったことや考えたことを，話し合ったり文章にまとめたりする活動。 |
| | イ　読み聞かせを聞いたり物語などを読んだりして，内容や感想などを伝え合ったり，演じたりする活動。 | イ　詩や物語などを読み，内容を説明したり，考えたことなどを伝え合ったりする活動。 | イ　詩や物語，伝記などを読み，内容を説明したり，自分の生き方などについて考えたことを伝え合ったりする活動。 |
| | ウ　学校図書館などを利用し，図鑑や科学的なことについて書いた本などを読み，分かったことなどを説明する活動。 | ウ　学校図書館などを利用し，事典や図鑑などから情報を得て，分かったことなどをまとめて説明する活動。 | ウ　学校図書館などを利用し，複数の本や新聞などを活用して，調べたり考えたりしたことを報告する活動。 |

**【著者紹介】**

井上　善弘（いのうえ　よしひろ）

1967年，福岡県生まれ。
東京都公立小学校教諭。
東京学芸大学附属小金井小学校教諭。
東京都多摩教育事務所指導主事。
国士舘大学体育学部・こどもスポーツ教育学科准教授。

小学校はじめての国語授業　文学教材の指導アイデア
6年間の指導法がこの1冊でわかる！

2019年8月初版第1刷刊 ©著　者　井　上　善　弘
発行者　藤　原　光　政
発行所　明治図書出版株式会社
http://www.meijitosho.co.jp
（企画）木山麻衣子（校正）有海有理
〒114-0023　東京都北区滝野川7-46-1
振替00160-5-151318　電話03(5907)6702
ご注文窓口　電話03(5907)6668

＊検印省略　組版所　株式会社木元省美堂

本書の無断コピーは，著作権・出版権にふれます。ご注意ください。

Printed in Japan　ISBN978-4-18-301546-4

もれなくクーポンがもらえる！読者アンケートはこちらから
→